汽车金融服务

主 编 崔晋华 杨 杰

北京理工大学出版社
BEIJING INSTITUTE OF TECHNOLOGY PRESS

内 容 提 要

"汽车金融服务"是高等职业院校汽车技术服务与营销专业的核心课程。本书共七个模块，主要包括汽车金融服务、汽车交易中的金融知识、汽车消费信贷的流程、汽车保险的购买与理赔、汽车租赁的金融服务、汽车置换的金融服务、汽车金融相关法律法规，每个模块安排若干个任务。为适应职业岗位能力培养和发展的需要，教材配套动画、视频、测试题等信息化课程资源，以二维码的形式与教材内容进行有效融合，构建自主学习、深度学习的体系。

本书以培养汽车金融顾问岗位技能为目的，通过"故事引入—学习准备—任务实施—评价反馈—巩固提升—拓展阅读"等环节的实施，实现"听、学、做"一体化。学生通过任务学习，能够构建汽车金融服务的理论体系，培养职业意识、职业思维和职业行为，对汽车金融顾问岗位职责、岗位技能和工作流程有一个全面的认识，为学生的可持续发展奠定良好的基础。

本书可作为高等职业院校汽车类专业的教学用书，也可作为高等院校金融类、经济类、工商管理类、保险类和营销类专业的教学用书，还可作为汽车金融公司、汽车经销商和汽车保险从业人员的培训教材。

图书在版编目（CIP）数据

汽车金融服务 / 崔晋华，杨杰主编 . -- 北京：北京理工大学出版社，2024.5.
ISBN 978-7-5763-4329-8

Ⅰ . F830.571；F840.63

中国国家版本馆 CIP 数据核字第 202469R1G2 号

责任编辑：高雪梅　　　　　　文案编辑：高雪梅
责任校对：周瑞红　　　　　　责任印制：李志强

出版发行 / 北京理工大学出版社有限责任公司

社　　址 / 北京市丰台区四合庄路 6 号

邮　　编 / 100070

电　　话 / （010）68914026（教材售后服务热线）
　　　　　　（010）63726648（课件资源服务热线）

网　　址 / http：//www.bitpress.com.cn

版 印 次 / 2024 年 5 月第 1 版第 1 次印刷

印　　刷 / 河北鑫彩博图印刷有限公司

开　　本 / 787 mm×1092 mm　1/16

印　　张 / 12.5

字　　数 / 200 千字

定　　价 / 69.00 元

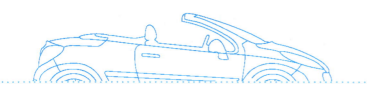

前 言
PREFACE

　　改革开放以来，我国经济、科技和产业发展取得了巨大的成就，新时期要坚持贯彻党的二十大精神，为构建现代化汽车产业体系，促进我国汽车产业高质量发展，执行科教兴国、人才强国的战略，培养适合现代汽车产业发展的优秀人才。本书结合产教融合的现状，本着培养高技能人才为祖国服务的理念，构建知识体系。其目标是培养具备社会主义核心价值观，具有劳动精神、奋斗精神、创新精神、奉献精神的社会主义建设者。我们要共同建设中国的汽车产业，建设汽车制造强国、质量强国和交通强国。

　　汽车金融服务是汽车全产业链中一个重要的组成部分。汽车金融服务是指金融机构为汽车产业发展所提供的多种金融服务，涵盖了汽车生产、流通、消费、维护、回收等环节，包括资金筹集、信贷运用、抵押贴现、证券发行和交易、相关保险、投资等金融服务。汽车金融的发展推动了汽车产业结构的优化和升级，调节了国民经济中生产与消费的平衡。

　　为满足新形势下对汽车金融服务高素质人才培养的需求，编者根据国务院《国家职业教育改革实施方案》中提出的教材开发思路，从推动专业内涵发展的角度出发，进行本书的编写。本书以学生为中心、以故事为先导、以任务为载体、以工作过程为导向，吸纳当前汽车金融服务领域的前沿知识，系统介绍了汽车金融服务的内容及功能、汽车消费信贷、汽车租赁、汽车置换及汽车保险等专业基础知识和操作实务；并对与汽车金融服务高度相关的金融知识进行了系统的介绍；同时提供了与汽车金融服务相关的部分案例和实际工作中的各种操作表格，以便学生对汽车金融服务的各种操作流程有直观的理解。

　　全书兼顾理论性和实用性，紧密联系汽车金融服务中出现的实际现象和实际问题，围绕当今汽车金融服务的实际操作需求，以通俗易懂的语言、真实生动的案例、翔实可靠的数据，系统介绍了汽车金融服务当前的发展现状、面临的困境和未来的发展趋势。

　　本书由上海交通职业技术学院汽车工程学院崔晋华老师和杨杰老师共同编写。崔晋华老师负责全书的统稿及模块一～模块五的编写，杨杰老师负责模块六和模块七的编写。

　　由于编者水平有限，书中疏漏和不足之处在所难免，恳请广大和读者批评指正，以便后续改进。

编　者

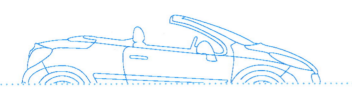

目 录
CONTENTS

模块一
汽车金融服务

模块简介

汽车金融服务涉及汽车产业全产业链的各个环节，包括设计、生产、销售、售后及回收利用，产值利润率高、服务内容全面，汽车金融服务在世界各国的汽车产业中发挥着重要作用，下面就来了解一下它的魅力。

任务一　了解汽车金融服务的诞生

任务情境

新学期的开始，汽车技术服务与营销专业的学生跟随老师来到了本市丰田4S店参观学习。当看到一家汽车经销商正在帮助一位购车顾客办理汽车消费信贷手续时，一名学生感叹道："现在贷款买车的服务这么方便啊。"交易市场的李经理笑了笑说："这是汽车金融服务，但它远不止车贷。"说说什么是汽车金融服务，它是怎么产生的，又是怎么不断发展的。

学习目标

知识目标

了解汽车金融服务的诞生和发展，特别是我国汽车金融服务的产生和发展历程。

能力目标

能建立对汽车金融服务业务内容的整体理解，能引导顾客发现自己的金融服务需求。

素养目标

增加汽车金融服务顾问的专业知识储备，提升专业素质，更好地为顾客服务。

20世纪90年代，我国汽车金融行业以商业银行贷款服务为代表开始萌芽。尽管发展历程仅有30余年，但由于受到中国汽车产业布局和政府信贷政策调控等综合因素的影响，汽车产业经历了从产生到爆发式快速发展，再到后期的激烈震荡，直到最后呈现出稳定发展的趋势。随着政府对汽车金融业的管控逐渐宽松，我国的汽车金融市场逐步形成了银行机构、汽车金融公司、融资租赁企业、网络汽车金融等多元化主体共存的格局。

我国的汽车金融发展过程主要分为以下四个时期。

一、萌芽期：汽车消费信贷初现

1993年，"北方兵工汽车"公司最先提出了分期付款购置车辆的服务，拉开了我国汽车金融事业发展的序幕。当时，中国国内汽车消费水平较低，为缓解人们购车的经济压力，汽车生产商和经销商采用分期付款的方式促进汽车的销售。

我国汽车金融服务正式起步于1995年。当时的金融机构着手尝试在这个行业开展相关业务，从而扩大汽车消费的需求，改善中国汽车行业消费低迷的困境。其中的代表性事件是一汽、上汽及长安汽车等集团先后在旗下设立财务分公司。相关汽车财务公司通过银行融通了资本，并利用各种营销渠道，为消费者提供汽车消费贷款的服务。但是因为当时我国个人信用信息不够充分，而相关机构又未能形成相对健全的风控系统，导致这一举措产生了严重的问题。一方面，中国人民银行在1996年停止了汽车信贷业务。另一方面，由于那时我国的消费群体难以接受像汽车消费贷款这样的新兴消费理念，所以这种消费模式无法在中国流行，因此汽车金融服务的发展陷入了困境。到1998年为止，我国汽车信贷规模停留在4亿元左右。但是，中国人民银行于1998年10月公布了《汽车消费贷款管理办法》，之后又下发了《关于开展个人信贷消费的指导意见》。相关政策的出台为汽车金融服务在我国的发展注入了新的动力，为后续发展打下了基础。

二、井喷期：商业银行垄断

由于在2000年至2003年，中国私家车的数量大幅度增加，个人车辆消费贷款也因此出现了持续上升的态势，国内整体信贷规模也由1999年的29亿元暴涨到2003年的2 000亿元左右。汽车行业提供消费信贷服务的主体有所变化，由国有银行主导转向股份制商业银行主导，汽车消费信贷也逐渐成为商业银行推动个人消费信贷服务发展的主要方式。而银行之间的市场竞争也不断加剧，整个汽车金融服务市场被商业银行垄断。

2000年，中国人民银行出台了《企业集团财务公司管理办法》，其中批准了汽车财务公司进一步发展汽车消费信贷业务，汽车市场消费金融的原型也初步建立。此时的汽车金融处于粗放型发展模式，市场主体包括商业银行、保险公司、汽车厂商和经销商等。汽车金融机构因利润的驱使逐渐降低了信贷门槛及首付的比例，但由于个人信用体系建设及整体信用风险防控尚不完备，导致了商业银行中大量不良贷款的产生。因此，国内的汽车金融行业随后进入了调整期。

三、调整期：汽车金融公司入场

2004年，由于汽车价格的持续下降和征信体系建设的隐患逐渐显现，汽车金融机构发生了大规模的信用坏账。商业银行因此加强了风险管控的力度，而汽车保险公司的赔偿压力也大大增加，汽车个人消费信贷行业迅速萎缩。随着经营风险的逐渐增大，中国保险监督管理委员会于2004年3月宣布暂停车贷险相关业务，汽车金融产业步入了阶段性低潮期。传统商业银行、保险公司、汽车厂家、经销商等联合的汽车金融服务模式也无法再继续下去，中国汽车金融的发展又一次面临了停滞的困境。

在汽车行业销售增速下降、库存增加、居民消费需求降低，以及汽车信贷公司业绩下滑等各种压力下，汽车厂家、销售商等都迫切希望通过借助银行以外的融资途径来突破面前的窘境并缓解资金缺口问题，汽车金融公司的新型模式也因此备受重视。中国银行业监督管理委员会（简称中国银监会）于2004年出台《汽车行业金融机构监管办法》，并在其具体实施中明确了有关汽车金融公司的信贷业务规定。2004年8月，中国第一家汽车金融公司——上汽通用汽车金融有限责任公司的成立，标志着中国汽车金融公司的诞生，而中国汽车金融行业也逐渐过渡至以汽车金融公司为主的专业化时期。

2004年10月，中国银监会颁布的《汽车贷款管理办法》正式实施。该办法代替了早期颁布的《车辆购买消费信贷办法》，并在适应现代汽车金融市场的情况下完善了国内汽车消费信贷行业的相关规定。由此，中国的汽车消费信贷行业朝着专业化和规模化的方向继续前进。

汽车金融市场的主体之一——商业银行也并不会默默地退出舞台。它们已经开始利用在新兴的银行卡分期付款服务，与汽车金融公司角逐消费贷款业务市场。此外，在国内汽车厂商迅速扩张的时期，商业银行积极切入各大汽车集团的新建制造基地等投资项目融资，并顺着产业链条逐渐展开了对车辆经销商的预付款投资、库存车融资等业务，把贷款的资金投放范围上移至汽车制造和批发的环节。由于大量资本的流入与贷款支持，中国汽车产业也迎来了蓬勃发展的黄金时期。

四、振兴期：多元主体发展

自2008年以来，在上汽通用汽车金融有限责任公司正式成立之后，大众汽车金融、奔驰汽车金融等全球汽车行业大型公司先后进入我国汽车金融市场，因此产生了全新的经营管理模式与风险控制体系。2008年新出台的《汽车金融公司管理办法》为我国汽车金融的高速发展提供了必要条件，并开启了多元化竞争的新局面。汽车金融也逐渐形成市场，渗透率也持续提升。

2013年互联网金融蓬勃发展，多元主体开始入场。海外的汽车电商公司开始进入中国市场，而互联网汽车金融企业与融资租赁企业也成为汽车金融市场的新入局者。银行、汽车金融公司、汽车租赁企业、互联网汽车金融公司等多元主体共存的局势已逐步形成。从2016年开始，在有利于汽车金融的政策措施下交易市场更加自由，汽车金融公司与销售商家的收益也不断增加。同时，中国人民银行与中国银监会出台了《关于调整汽车贷款有关政策的通知》，降低二手车信贷的要求，积极满足车辆信贷消费供应端的资金需求。

汽车金融公司新的利润增长点涌现，鼓励向整个行业展现。2016年发布的《中国人民银行、银监会关于加大对新消费领域金融支持的指导意见》中，允许经营个人汽车贷款服务的机构在受理新能源汽车和二手车信贷时，可以自由选择首付比例，或者进行附加产品融资业务。通过这种方式，汽车金融公司与商业银行等其他市场主体之间的竞争将更加公平，有利于汽车金融公司未来向整个汽车产业链升级的转变。

发展附加产品贷款为企业增加了利润点，同时汽车经销商的话语权增加，从而改变了汽车经销商与生产商之间潜在的上下级关系。2017年发布的《汽车销售管理办法》破除了汽车厂商的垄断地位，维护了汽车4S店等销售商家的利益。汽车金融行业的竞争日益加剧，合作主体的多样性也有所增加。2017年后的几年内，汽车金融公司的总资产、信贷总量均以较快的速度持续增加。

据有关报告显示，从2012年至2016年，中国汽车金融的增长速度基本维持在30%左右，汽车金融市场规模从约3 600亿元扩大到近9 600亿元，而在2017年甚至已经达到了11 623亿元的万亿级规模。根据国内汽车金融行业市场前瞻与投资战略规划分析报告，2018年我国汽车行业市场规模大约为14 000亿元。从长期来看，汽车行业整体仍然有较大的发展空间，如新能源二手车、网约车等成为中国行业发展的新动力。随着汽车行业消费市场的成熟，金融渗透率逐步提升，我国的汽车金融行业仍有可观的市场发展空间。

任务实施

一、明确任务

（1）分组学习国内外各品牌汽车金融服务的诞生与发展。

（2）以丰田汽车金融服务的诞生与发展为例，查阅资料，了解丰田金融的发展，比较与其他公司发展过程的差异，总结并分析。

二、制订实施计划

小组成员查阅学习教材，并利用计算机、网络学习汽车金融服务的诞生与发展，以及汽车金融与汽车产业等知识。在教师的指导下分组，以小组为单位学习相关知识，并完成下列任务。

（1）以丰田汽车金融服务的诞生与发展为例，自主搜索、归纳信息完成表1-1。

表1-1　丰田汽车金融服务的诞生与发展

时间节点	公司发展过程

（2）以丰田汽车金融服务的诞生与发展为主题，进行小组展示，比较丰田金融公司与其他品牌汽车金融公司的发展，找出区别和联系，分析原因。

教师设计考核评价表（表1-2），小组之间开展自评与互评；教师对各组任务的完成情况予以评价和鼓励。

表1-2　考核评价表

序号	考核内容	分值	评分标准	自评	互评	师评
1	小组准备	10	小组分工明确、共同合作，有团队精神			
2	知识运用	30	能够根据汽车金融的发展，找到任务所对应品牌诞生发展的经历，有一定的信息检索和分析能力			
3	成果展示与任务报告	20	能够根据所掌握的信息对丰田公司的汽车金融服务进行详细的阐述并提出分析看法			
4	学习态度与课堂纪律	15	学习积极主动、态度认真、遵守教学秩序			
5	自主学习与动手能力	10	根据教师分布的任务，带着问题去思考，去检索所需知识，分析并进行汇报			
6	基本素养	15	具有汽车金融服务顾问的专业知识储备，提升专业素质，树立为顾客服务的理念			
总配分		100	总得分			
综合评价						

一、单项选择题

1. 汽车金融公司始于 1919 年的（　　　）通用汽车票据承兑公司。

　　A. 英国　　　　　　B. 德国　　　　　　C. 美国　　　　　　D. 日本

2. 从事汽车消费信贷业务并提供相关金融服务的专业机构是（　　）。

　　A. 汽车金融公司　B. 汽车集团公司　C. 汽车股份公司　D. 金融投资公司

3. 1998 年，中国人民银行颁布实施（　　），标志着我国商业银行汽车消费信贷业务正式启动。

　　A.《公司法》　　　　　　　　　　B.《汽车金融公司管理办法》

　　C.《汽车金融公司管理办法实施细则》　D.《汽车消费贷款管理办法》

4. 国外设立汽车金融服务公司是推动（　　）汽车销售的一种手段。

　　A. 子公司　　　　　B. 母公司　　　　　C. 代公司　　　　　D. 外公司

5. 汽车金融提高汽车产业资金效率的方面不包括（　　）。

　　A. 提高汽车厂商的资金使用效率　　B. 促进汽车消费规模的扩大

　　C. 提高汽车维修服务的保障　　　　D. 增强汽车企业竞争力

二、简答题

1. 简述汽车金融的概念。

2. 汽车金融服务是如何诞生的？

3. 简述我国汽车金融服务的发展历程。

任务二　了解汽车金融服务的内容

　　李明在汽车金融公司实习期间，经理让他认真观察和了解汽车金融公司中有哪些主要业务，需要掌握哪些基本知识才能完成工作任务。假如你是李明，将如何完成此次任务？

知识目标

掌握汽车金融服务的主要内容。

能力目标

能够理解汽车金融服务产生的意义和作用，能理解汽车金融服务产生及发展的逻辑。

素养目标

养成观察、获取和分析信息的习惯。

一、汽车金融概述

汽车金融是汽车全产业链的一个重要组成部分。汽车金融服务是指金融机构为汽车产业发展所提供的多种金融服务，涵盖了汽车生产、流通、消费、维护、回收等环节，包括资金筹集、信贷运用、抵押贴现、证券发行和交易、相关保险、投资等金融服务。基本任务是利用各种金融方式和金融工具筹措和有效融通资金，以保障车辆制造、商品流通、修理业务和居民消费，实现车辆再制造流程中的资金健康循环，保证汽车再生产流程的完成。

动画：汽车金融服务的概念及作用

汽车金融一般有狭义和广义之分。狭义汽车金融更多地着眼于汽车销售环节，为终端用户提供消费信贷服务，属于消费金融。广义汽车金融贯穿全产业链，涵盖汽车生产、流通、销售、使用、回收等各环节中的资金流动，目标是提高资本、提升资金效率及周转率，见表1-3。

表1-3 汽车金融与汽车产业链

汽车产业链环节	参与者	汽车金融功能	汽车金融产品
研发设计	制造商	推动技术更新与升级	股权融资
原材料获取	供应商、制造商	规避原材料价格波动风险，控制成本	存货融资
生产	供应商、经销商	将生产资金与销售资金分离，提高资金利用率	订单融资
流通	制造商、经销商	提高资金周转率	应收账款与存货融资、银团贷款
市场销售	制造商、经销商、消费者	批发和零售资金分离，提高资金收益率	零售贷款、批发贷款

续表

汽车产业链环节	参与者	汽车金融功能	汽车金融产品
使用服务	服务商、消费者	促进汽车消费，提高资金收益率	汽车保险、汽车租赁、汽车置换
回收服务	服务商、消费者	促进汽车产业技术升级	汽车报废回收

广义的汽车金融其实包括了供应链金融和汽车消费金融，由于区块链、网络、P2P等信息技术推进了供应链金融智能化，商业银行、汽车金融公司、融资租赁公司之间多元竞争格局逐渐形成，将进一步催生汽车消费金融的新业态。

汽车金融作为一个整体，其资金的相互融通是一个涉及多方需求与供给的全面过程。汽车金融市场中的需要资金提供者既包括汽车厂商等供应方，又包括消费者等汽车需求方；为汽车金融提供资金的则包括商业银行等金融机构、投资金融市场上的广大投资人及汽车融资基金等新的资金来源。

二、汽车金融服务的内容

汽车金融一般是指在车辆的制造、流通、购置和维修等生产消费环节中融通资金的金融活动，涉及资本筹措、贷款运用、抵押贴现、证券发行、汽车保险等相关融资活动，通常具备投资资金量大、周转期较长、资本运营相对稳健，以及价值增长性等特征。汽车金融机构既包含了银行、信贷联盟、汽车行业信托公司等金融机构，又包含了汽车金融企业等非金融机构；汽车行业的金融服务模式主要有分期付款销售模式、融资租赁模式、汽车销售及融资企业的再融资模式、信托贷款租赁模式等几个重要的形态。

汽车金融服务的内容涉及广泛，在我国常见的主要有以下几种。

(一)汽车消费信贷服务

消费信贷服务通常是金融服务机构面向消费者所进行的一项贷款服务。以消费者的预期购买力为贷款基准，利用贷款方法预支远期的购买力，从而促进或满足个人即期消费需求。汽车消费贷款是对申请购置车辆的贷款人提供的人民币贷款。一般由银行、信用社、汽车金融企业及其他符合要求的非银行金融机构向消费者一次性提供购车所需要的资金贷款，并联合保险公证等机构为买车者进行投保和公证服务。消费借贷者需有固定的职业和收入或易于变现的固定资产，能够按时支付借贷本息；借贷的企业法人或其他经济组织要具备清偿借贷的能力。

汽车消费信贷能够显著地将消费者对汽车的潜在需求转变为实际需求，因此，人们常将汽车消费信贷看作是汽车行业蓬勃发展的重要推进动力。它凭借着丰富的金融服务产品和便利的金融服务手段促进了汽车金融市场的进一步开发。此外，汽车消费信贷还可以产生可观的金融服务收益。对汽车生产商来说，汽车消费信贷服务能够大大促进汽车销售市场的发展；对汽车金融服务商来说，汽车消费信贷则能获得收益。

(二)汽车保险服务

汽车保险是财产保险中的主要险种，是以汽车、电车等机动车辆作为汽车保险标的的一种保险。车辆保险的具体形式包括机动车交通事故责任强制保险（简称交强险）和商业险，商业险又可分为主险和附加险。主险通常为机动车损失险、第三者责任险、车上人员责任险等基本险种，附加险则包含多种补充险种，如医保外医疗责任险、车轮单独损失险等。

在汽车保险中，保险人负责赔偿被保险人因自然灾害和意外事故而蒙受的汽车车辆损失，以及对第三者应承担的经济责任。由于汽车保险为保证遇险人的基本生活、生产活动的持续开展及保持社会安定发挥着无法取代的保障功能，因此得到许多汽车消费者和使用者的认可。

（三）汽车租赁服务

租赁是以支付（或收取）租金的形式取得（或出让）一项资产使用权的经营业务。汽车租赁是指汽车消费者通过与汽车销售者之间签订各种形式的付费合同，在约定的时间内以获得汽车的使用权为目的，经营者通过提供车辆功能、税费、保险、维修、配件等服务实现投资增值的一种实物租赁形式。

汽车租赁的关键是通过共享化的资源服务整个社会。根据租用时间的不同，汽车租赁一般分为长期租赁和短期租赁。长期租赁是指租赁企业与用户签订长期（一般以年计算）租赁合同，按长期租赁期间发生的费用（通常包括车辆价格、维修保养费、各种税费开支、保险费及利息等）扣除预计剩存价值后，按合同中的月数平均收取租赁费用，并提供汽车功能、税费、保险、维修及配件等综合服务的租赁形式。短期租赁是指租赁公司按照使用者需求达成的协议，为使用者供应短期内的汽车租用业务（计算费用单位多为每小时、每日、每月），以满足使用者在租期内有关的各项业务需求的租赁形式。因为资源共享的属性，汽车租赁服务在提高车辆使用效率、缓解购车财务压力与用车需求之间的矛盾和控制社会车辆总量等方面发挥着重要作用，这也在很大程度上提高了整个社会的资源使用效率。

汽车租赁业同样对制造商产生了重要的社会市场效用，因为制造商能够通过对租赁行业市场的参与和占有，提升品牌的认知度，提高占有率，进一步开拓品牌市场。同时，汽车租赁业与汽车制造业、保险业等相关公司的协同合作，也极大促进了汽车行业的整体发展。得益于车辆租赁独特的市场功能，国内外汽车制造商已普遍使用汽车租赁作为拓展业务，这成为赢得用户的主要方式之一。

（四）汽车置换服务

一般狭义上的汽车置换是指以旧换新，即销售的商家利用收购二手车、同时进行新车销售业务来盈利的方式。广义上的汽车置换是在包括基本的以旧换新业务的同时，融入二手车的整新和跟踪服务，二手车再销售以及折抵分期付款等多方面服务项目有机地整合，进而形成的一种新型营销方式。

任务实施

一、明确任务

（1）分组到汽车销售企业和汽车金融企业进行实地实践。

（2）了解汽车企业金融岗位都做什么业务，以及每天的主要工作内容和需要的基本技能。

（3）将实践和理论结合，查阅资料，将需要掌握的知识和技能进行归纳总结。展示学习成果，并进行组内和组间的自评与互评，接受指导教师的评价反馈。

二、制订实施计划

（1）小组成员寻找资源，教师可提供实习实践资源，安排学生利用课余时间来调研或实践。

（2）小组成员利用计算机、网络搜索汽车金融岗位需要掌握的知识点和技能点，然后各小组进行交流，补充总结，最终了解汽车金融服务的主要内容。

评价反馈

教师设计考核评价表（表1-4），小组之间开展自评与互评；教师对各组任务的完成情况予以评价和鼓励。

表1-4　考核评价表

序号	考核内容	分值	评分标准	自评	互评	师评
1	小组准备	10	小组分工明确、共同合作，有团队精神			
2	知识运用	30	了解汽车企业金融岗位都做什么业务，以及每天的主要工作内容和需要的基本技能			
3	成果展示与任务报告	20	能够将所查询到的知识点和实践体验结合起来，进行知识的梳理和提炼，形成汇报报告			
4	学习态度与课堂纪律	15	学习积极主动、态度认真、遵守教学秩序			
5	自主学习与动手能力	10	根据教师分布的任务，带着问题去思考，去检索所需知识，分析并汇报			
6	基本素养	15	锻炼学生观察和获取信息及知识的能力，具备学习和实践的双重能力			
总配分		100	总得分			
综合评价						

单项选择题

1. ( )是汽车制造业、流通业、维修服务业与金融业相互结合渗透的必然结果，涉及政府法律、政策及金融保险等的相互配合，是一个相互交叉、彼此渗透的复杂系统。

   A. 汽车消费信贷　　B. 汽车保险服务　　C. 汽车金融服务　　D. 汽车置换服务

2. ( )是对申请购买汽车的借款人发放的人民币担保贷款。

   A. 汽车消费信贷　　B. 汽车金融服务　　C. 汽车金融工具　　D. 商业银行

3. 汽车金融服务的内容主要包括汽车消费信贷服务、汽车保险服务、汽车租赁服务和( )。

   A. 金融工具服务　　B. 汽车置换服务　　C. 汽车金融服务　　D. 商业银行服务

4. 从发达国家的情况来看，专业的汽车金融公司比商业银行具有更明显的竞争优势，原因主要有三点：第一，同母公司利益紧密相关；第二，经营的专业化程度更高；第三，( )。

   A. 提供汽车置换服务　　　　　　B. 提供汽车金融工具

   C. 提供汽车信贷服务　　　　　　D. 提供多样化的综合服务

5. 汽车金融服务产品的开发和营销是( )得以维持的根本。

   A. 汽车消费　　　B. 汽车置换　　　C. 商业银行　　　D. 汽车金融服务

任务三　了解汽车金融公司及产品

任务情境

李明在大众汽车金融公司实习期间，公司要求他对国内现有的汽车金融公司进行竞品分析。假如你是李明，将如何完成此次任务？

知识目标

掌握汽车金融公司的融资及盈利模式。

能力目标

能分析国内外汽车金融公司的优劣势及未来的发展路径。

素养目标

提高观察、分析市场产品的能力，养成思考和解决实际问题的习惯。

一、汽车金融公司的定义

(一)国外对汽车金融公司的定义

美国联邦储备银行将汽车金融服务公司列为金融服务系统的一部分，汽车金融公司有两个主要特征：第一，汽车金融公司主要服务于个人金融消费者；第二，应收账款等金融资产是公司的主要资产。

动画：通用汽车金融公司 GMAC 的介绍

美国消费者银行家协会表示，汽车金融公司的目标客户是个人、公司、政府和其他消费者群体，基于他们产生未来收入的能力和历史信用，汽车产品的购买和使用可以通过提供各种金融融资和金融产品来实现。汽车金融公司的目标受众包括个人、企业、政府和其他消费群体，更注重未来的盈利能力和目标受众的可信度。突显汽车行业金融服务以信用为前提的主要特征。

(二)我国对汽车金融公司的定义

根据新《汽车金融公司管理办法》的规定，中国银监会对汽车金融公司的定义：经中国银行业监督管理委员会批准设立的，为中国境内的汽车购买者及销售者提供金融服务的非银行金融机构。汽车金融公司是从事汽车生产、流通、消费、维修等融资服务的专业机构，是为汽车生产者、销售者、维修服务提供者和购买者提供贷款的非银行企业法人。汽车金融公司提供的金融服务可分为两个层次：第一层次是为汽车制造企业和零部件生产企业提供的传统金融服务，如长期和短期贷款、委托贷款、银行承兑票据融资贴现、担保函、保险结算业务等金融产品，为汽车零部件生产企业提供的项目融资和营运资金融资服务；第二层次是金融服务的流通和消费，主要是汽车消费信贷、融资租赁、经销商库存融资、经营设备融资等零售业务。

国内主要汽车金融公司见表1-5。

动画：丰田汽车 动画：奇瑞徽银汽车
金融公司　　　　金融有限公司

表1-5　国内主要汽车金融公司

企业名称	成立时间	股权属性
上汽通用汽车金融	2004 年	中外合资
大众汽车金融（中国）	2004 年	外商独资
丰田汽车金融（中国）	2005 年	外商独资
福特汽车金融（中国）	2005 年	外商独资
戴姆勒－克莱斯勒汽车金融（中国）	2005 年	外商独资
东风标致雪铁龙汽车金融	2006 年	中外合资
沃尔沃汽车金融（中国）	2006 年	外商独资
东风日产汽车金融	2007 年	中外合资
菲亚特汽车金融	2007 年	外商独资
奇瑞徽银汽车金融	2009 年	奇瑞汽车＋徽商银行
宝马汽车金融（中国）	2010 年	外商独资
三一汽车金融	2010 年	三一集团＋湖南省信托＋华菱钢铁
广汽汇理汽车金融	2010 年	广汽集团＋东方汇理
一汽汽车金融	2011 年	一汽财务＋吉林银行
北京现代汽车金融	2012 年	中外合资
重庆汽车金融	2012 年	庆铃汽车＋渝富资产管理＋重庆农商银行
瑞福德汽车金融	2013 年	江淮汽车＋桑坦德消费金融
天津长城滨银汽车金融	2013 年	长城汽车＋天津滨海农村商业银行
华泰汽车集团	2015 年	华泰汽车＋渤海银行

二、汽车金融公司的盈利模式

汽车金融是一个规模较大并且发展成熟的行业，具有多元化的服务类型。目前，汽车金融的经营模式大致有基本盈利模式与增值盈利模式两类（图1-1）。

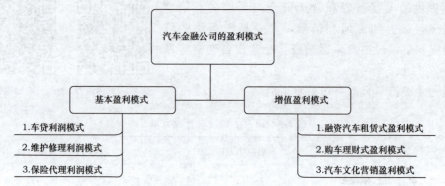

图1-1　汽车金融公司的盈利模式

(一)汽车金融公司的基本盈利模式

1. 车贷利润模式

通过向消费者和经销商提供灵活的贷款服务，实现稳定的利息和手续费收入，这是汽车金融公司的主要盈利模式。同时通过精细化的风险管理，优化贷款组合，降低违约风险。销售贷款给其他金融机构或投资者，汽车金融公司可以将自己名下的贷款出售给其他金融机构或投资者，从而可以再获得收入。

2. 维护修理利润模式

由于中国汽车销售市场的蓬勃发展以及汽车经销商对盈利的强烈渴望，已成为中国汽车服务市场主要部分的汽车修理服务已被引入到汽车金融的业务流程。这种盈利模式的基本特点是形成一个完善的售后服务链。在盈利模式的监控和管理手段上，除了品牌、特许经营许可证、维修技术等方面，提供财务支持、现金流管理、产能推出升级等相关产品业务，成为汽车金融业务中收入比较丰厚的一项业务。

3. 保险代理利润模式

在汽车金融业务中，汽车金融公司除了贷款服务还代理销售各大保险公司的车险产品。通过与保险公司紧密合作，实现双向资源共享，为消费者提供一站式保险代理服务，同时获得客观的保险代理服务。

(二)汽车金融公司的增值盈利模式

1. 融资汽车租赁式盈利模式

近年来，汽车金融公司积极拓展租赁和二手车金融业务，既为消费者提供了更加便捷的服务，同时也丰富了盈利来源。汽车金融公司中的融资性汽车租赁融购买、销售和租赁为一体，消费者首先获得汽车的使用权，然后支付月租金，汽车的所有权通常在租赁期满后购买。融资租赁和分期付款汽车零售有一定的区别。汽车分期付款的零售方式实质上是有条件的买卖，出卖人保留汽车的所有权，实际上是债权人为保护债权而设立的一种担保，但合同的目的仍然是转让汽车的所有权。融资租赁与租赁不同，它是买卖与租赁的结合，消费者(承租人)最终是否成为租赁车的所有者，选择权在消费者(承租人)手中。

2. 购车理财式盈利模式

购车理财式盈利模式是以汽车消费为目标的专业投融资服务。在国外，许多汽车金融服务企业以各种方式直接或间接参与专业基金或私募股权基金的推出和设立，委托客户进行财务管理，以财务管理收益偿还汽车金融服务企业的本息。

购车经营与财务管理式投资盈利模式是购车与投资、财务管理有机结合的产物。它把汽车投资分为两个单元：一个是汽车购置基金单元，用于支付汽车购置的前期费用，包括首付；另一个是货币管理基金单元，用于汽车金融服务投资或投资委托。现代汽车金融组合方式也使资金的使用更加专业化、科学化。财务管理单位的收入流回汽车金融服务企业，用于偿还汽车消费者融资贷款的本息，消除了消费者的正常偿还行为。当然，客户享有全部的投资收益，但也需要承担一定的融资风险。

3. 汽车文化营销盈利模式

汽车文化营销盈利模式是指汽车服务企业发起并建立以汽车文化为主题的各种俱乐部，然后在俱乐部的基础上为汽车金融服务企业设立基金投资或提供融资。

汽车行业文化的主要内容对消费者本身有很大的影响，在一定程度上远远大于制造商开发新车型的影响力。它在潜移默化中影响着人们的生活方式，从而导致生活方式变得多样化，最终影响着人们的汽车消费行为。汽车文化营销通过对文化理念的设计和创新，提高了产品和服务的附加值，符合消费者消费的个性化、情感化等精神特征，这些都可以成为汽车金融公司投资和运营的重要内容。汽车金融服务公司努力地创设出一个能够让有着相同背景的消费者产生情感共鸣的车辆文化氛围，宣传品牌金融理念，带动品牌汽车的消费，实现盈利。

一、明确任务

（1）分组查阅国内各家汽车金融公司的资料，包括公司的融资渠道及盈利模式、产品类型、业务范围、发展过程等。

（2）分组进行国内汽车金融公司业务内容的调研，并进行竞品比较分析，展示学习成果，然后进行组内和组间的自评与互评，接受指导教师的评价反馈。

二、制订实施计划

（1）在教师的引导下分组，以小组查阅及归纳相关知识。小组成员查阅学习资料，并利用计算机、网络进行国内汽车金融公司建立及业务拓展的调研。

（2）将查询结果进行分析总结，并进行小组展示。

教师设计考核评价表（表1-6），小组之间开展自评与互评；教师对各组任务的完成情况予以评价和鼓励。

表 1-6　考核评价表

序号	考核内容	分值	评分标准	自评	互评	师评
1	小组准备	10	小组分工明确、共同合作，有团队精神			
2	知识运用	30	根据国内汽车金融公司的业务范围和产品类型，分析各个企业竞品的优缺点，学习汽车金融公司的融资及盈利模式			
3	成果展示与任务报告	20	各小组能够根据搜索的信息对各大汽车金融公司的汽车金融产品进行分析，得出结论			
4	学习态度与课堂纪律	15	学习积极主动、态度认真、遵守教学秩序			
5	自主学习与动手能力	10	根据教师分布的任务，带着问题去思考，去检索所需知识，分析并进行汇报			
6	基本素养	15	通过市场调研提高观察、分析市场产品的能力，培养思考和解决实际问题的能力			
	总配分	100	总得分			
	综合评价					

巩固提升

单项选择题

1. 下列公司中不属于汽车金融服务公司的是（　　）。
   A. 梅赛德斯奔驰汽车金融有限公司　　　B. 上海汽车集团财务有限公司
   C. 上海通用汽车金融有限责任公司　　　D. 中国太平洋财产保险股份有限公司

2. 我国汽车金融公司的监管机构是（　　）。
   A. 中国银监会　　B. 中国银行业协会　　C. 中国人民银行　　D. 中国证监会

3. 目前，汽车金融公司的增值盈利模式不包括（　　）。
   A. 融资汽车租赁式盈利模式　　　　B. 保险代理利润模式
   C. 汽车文化营销盈利模式　　　　　D. 购车理财式盈利模式

4. 汽车金融公司是(　　)。

    A. 民间发起的非国有金融机构

    B. 汽车集团设立的金融投资机构

    C. 提供汽车消费信贷的非银行金融机构

    D. 募集资金，投资于汽车行业的金融机构

拓展阅读

模块二
汽车交易中的金融知识

模块简介

通过本模块的学习了解和认识汽车交易中的金融知识：货币、信用、利率和金融风险，从而使人们更好地理解汽车金融服务的内涵和本质，更好地为客户提供优质的金融服务。

⦿ 任务一　了解信用的产生

任务情境

李明去银行实习，被派往与银行合作的汽车销售公司，专门负责贷款买车的各项事宜，作为银行对接人员，汽车销售经理让他为公司的员工做一次知识讲座，宣传信用贷款的知识。假如你是李明，将从哪个知识点开始介绍？

学习目标

知识目标

了解信用的诞生及发展、信用的特点和分类。

能力目标

能理解信用及信用产生的原因，会观察现代经济社会信用运行的规律。

素养目标

加深对现代信用工具运用的理解，提高对经济和商业环境的判断能力。

一、货币及其职能

（一）货币

货币是商品交换的产物，是在商品交换过程中从商品世界分离出来的、固定的、充当一般等价物的商品。

视频：关于货币的
产生、作用和职能

（二）货币的职能

货币的职能有价值尺度、流通手段、贮藏手段、支付手段。

价值尺度：用货币标识商品价值并衡量商品价值量的大小，是货币最基本的职能。

流通手段：货币作为商品交换的媒介促进商品交换的功能，也是货币最重要的职能。

贮藏手段：货币退出流通，被当作价值的独立形态或社会财富的一般形式保存起来的功能。其特点：现实的货币，足值货币。

支付手段：支付手段是指货币有清偿债务，支付税金、租金、工资等的职能。

与流通手段在商品买卖中的职能相比，支付手段不是一手交钱一手交货的现金交易。例如，人们利用消费信贷购置了车辆，在此处货币所提供的就是支付手段，或推迟付款，或提早预支。对外债的偿还、缴纳税收和发放工资等也是这样，时间差的存在就产生了信用。

二、信用的产生

信用产生的基础是商品交换和私有制的出现。

（一）原始社会末期，贫富分化，产生了信用

原始社会末期社会分工出现，有了剩余产品，有了商品交换；私有制的产生形成了贫富差距，贫穷者由于生活需要向富有者借款，因此信用随之产生。

（二）商品、货币占有的不均衡

商品、货币关系的发展，使商品、货币在不同生产者中间分配不匹配，出现了商品需要卖，但拥有货币的人不需要买，而需要商品的人没有货币，商品交换无法进行等问题。为了处理这一问题，出现了赊购赊销的方式，即商品赊卖者或货币贷出者成为债权人，商品赊购者或货币借入者成为债务人，两者发生了债权债务关系，双方达成了到期归还并支付利息的协议，这便是典型的信用关系。

三、信用的本质

信用(credit)的概念源于拉丁文 credo，原意是相信、信任、声誉等。

在经济学上，信用是以偿还本金和付息为条件的价值运动的特殊形式，是经济主体之间有条件让渡货币资金或商品的一种经济关系。

信用的三要素：债权债务关系、时间间隔、信用凭证。

视频：什么是信用

四、现代信用的发展

现代信用产生的标志是借贷资本的出现和形成。

在产业资本的循环过程中，一方面必然形成一部分暂时闲置的货币资本，即形成可以放贷出去的资本；另一方面也存在着扩大再生产资本的补充需求，即资本借贷的需求。

在市场经济条件下，生产者和市场参与者的目的均为得到更多利润。在这一基本原则下，资金过剩和资金短缺的群体之间互相关联，从而产生信贷关系，将暂时不活跃的闲散性货币资本转化为信贷资本，借给需要扩张的企业。

五、信用的分类

信用与商品交易不同。商品交易是商品价值和货币所体现的价值在两个方向上相等的转移运动。信贷则是定期单方面转移价值物并在到期时偿还。

在社会化生产和商品经济发展过程中，信用的种类随之日益丰富，一般包括商业信用、银行信用、国家信用、消费信用等。在商品经济的信用体系中，商业信用与银行信用都是最基本的信贷形态。银行信用在信用系统中居主导地位，而商业信用则是整个银行信用体系或者说所有商业信贷系统的基石。

(一)商业信用

商业信用是指以赊账方式出售商品(或提供劳务)时买卖双方间相互提供的信用。以这种方法交易商品，当产品转手时，购买者并不是马上支付现金，而只是保证在一定时间后再付款。这样一来，各方就构成了一种债务关系，卖方是债权人，而买方是债务人。由于卖方所提出的商品信用，在一定程度上就相当于将一笔资金借贷给了买方，所以买方要承担利息。而赊销的商品价格，一般要超过用现金买卖商品的价值，这里的差价也将构成赊购者向商品赊销者所偿还的利息额。

1. 商业票据

商业信用的工具是商业票据，它是指债权人为了确保自己的债权要求债务人出具的书面债权凭证，一般包括期票和汇票两种。

(1)期票：债务人向债权人开出的、承诺在一定时期支付款项的凭证。

(2)汇票：由债权人向债务人发出命令，要求债务人向第三者或持票人支付一定款项的凭证。商业票据可以在一定范围内流通。

2. 商业信用的特点

(1)商业信用主要是在商品买卖时买卖双方相互提供的信用。

(2)商业信用的发展程度直接依存商品生产和流通的状况。

(二)银行信用

银行信用是指银行或货币资本所有者向职能资本提供贷款而形成的借贷关系。它通常是为了满足产业资金循环周转或企业资金再生产运动中的资金要求所形成的。在再生产过程中，各个企业之间会出现货币资本余缺不均的状况。为保障再生产顺利开展，有必要调整企业之间的资本平衡。通过信用关系，银行将再生产及社会上的闲置资金集中起来，然后借给需要资金的公司。

1. 银行信用的特点

(1)银行可以将社会上所有闲散资本聚集起来，产生大额借贷资本，所以银行信誉并不受个人资金的总量与资金周转速率的影响。

(2)银行信用对象不是商品资本而是货币资本。

(3)银行信用的债务人是职能资本即工商及农业企业，债权人是银行。

2. 银行及银行业务

银行信用主要由银行来办理。银行是专门经营货币资本的企业，是借款人和贷款人的信用中介。银行的业务可分为负债业务、资产业务和中间业务三个方面。

(三)国家信用

国家信用是指国家直接向公众所实施的贷款活动。国家政府在这种信贷关系中，居于主要债务人的地位。国家信用在国内的最基本形式就是国家公债，它一般以发放公债券和国库券的形式来进行。公债券是由中央直接发放的一种中长期国债，利用发放国家公债券募集的流动资金，主要用来补充财政赤字以及其他的非生产性费用。而国库券是由中央直接发放的一种短期公债，主要用来缓解短期或临时性国库费用不足的情况。

(四)消费信用

消费信用是指工商企业、银行或其他信用机构向缺乏货币购买力的消费者提供贷款的活动。消费信用的形式主要有赊账、分期付款、发放消费信贷等。

(1)赊账：使用信用卡结账，凭卡先购买后付款。

(2)分期付款：消费者在选购产品后，可以首先缴纳部分现款，再根据约定的条款，分期加息付清余下的贷款资金；在借贷尚未还清以前，商品所有权归于卖方。赊账、分期付款均属于信用范围。

(3)发放消费信贷时，根据受贷的对象不同可分成以下两类。

①买方信贷：银行直接对商品消费者发放贷款。

②卖方信贷：银行对销售商品的企业发放贷款。消费信贷是销售产品、拓展销路的一个手段。

虽然它在一段时间里能够提高居民的消费水平能力和推动生产蓬勃发展，从而暂时地缓解因产能过剩而产生的供过于求的问题。但由于消费信贷使市场消费者提早动用了未来的居民消费收入，会使将来的购买力进一步降低，从而增加了生产和居民消费之间的矛盾冲突。

一、明确任务

（1）分组查阅、分析信用产生和发展的本质，理解信用的运行规律。

（2）通过对我国不同类型信用知识的搜索整理，总结分析商业信用、银行信用、国家信用、消费信用的区别和联系，以及在实际贷款买车过程中发挥的作用，理解信用的运行规律。

二、制订实施计划

（1）小组成员利用互联网查阅学习资料，分析信用产生和发展的本质。

（2）分析商业信用、银行信用、国家信用、消费信用的区别和联系，总结、归纳并进行小组展示。

教师设计考核评价表（表 2-1），小组之间开展自评与互评；教师对各组任务的完成情况予以评价和鼓励。

表 2-1　考核评价表

序号	考核内容	分值	评分标准	自评	互评	师评
1	小组准备	10	小组分工明确、共同合作，有团队精神			
2	知识运用	30	学习、分析信用产生和发展的本质，理解信用的运行规律，有一定的信息检索和分析能力			
3	成果展示与任务报告	20	能够根据所搜索的法律法规进行详细的阐述并提出看法			
4	学习态度与课堂纪律	15	学习积极主动、态度认真、遵守教学秩序			
5	自主学习与动手能力	10	根据教师分布的任务，带着问题去思考，去检索所需知识，分析并制作 PPT 汇报			
6	基本素养	15	加深对现代信用工具运用的理解，培养对经济和商业环境的判断			
	总配分	100	总得分			
	综合评价					

一、单项选择题

1. 经济学角度的信用是指（　　）。
   A. 在对人的信任基础上委以重任
   B. 在行为准则上做到"一诺千金"
   C. 相信对方进行的货币借贷
   D. 以还本付息为条件的价值运动的特殊形式

2. 现代信用关系建立的主要原因在于信用关系各方（　　）。
   A. 都是相互了解的个人或工商企业
   B. 在生产过程中存在着货币资金或特定商品的剩余或短缺，可以通过相互借贷扩大生产
   C. 都是讲信用的人
   D. 都很贫穷，需要相互支持以维持生存

3. 在信用关系的价值运动中，货币执行的职能是（　　）。
   A. 价值尺度　　　　B. 流通手段　　　　C. 支付手段　　　　D. 贮藏手段

4. 信用关系的建立（　　）。
   A. 改变了借贷标的物——货币或商品的使用权
   B. 改变了借贷标的商品或货币的所有权
   C. 既没有改变标的物的使用权也没有改变所有权
   D. 既改变了标的物的使用权也改变了所有权

5. 我国经济中的货币（　　）。
   A. 是一种信用关系凭证
   B. 是唯一的借贷对象
   C. 与实物商品不同，不能作为借贷的对象
   D. 由于其价值缺乏稳定性，其借贷必然会造成信用危机

二、简答题

1. 简述信用的产生及与商品货币经济发展的关系。
2. 如何理解信用的本质？
3. 信用的主要经济功能有哪些？
4. 目前我国社会信用面临的主要问题是什么？

模块二　汽车交易中的金融知识

任务二　了解我国的信用体系

 任务情境

李明在汽车销售公司实习期间，经理让他为公司的员工做一次知识讲座，介绍我国的信用体系，让员工对汽车销售中的信用知识有所了解，更好地为客户服务。假如你是李明，将如何完成此次任务？

学习目标

知识目标

了解我国金融体系的构成、金融市场和金融机构的类型。

能力目标

能理解金融机构和金融市场的运行，能理解金融在我国的发展。

素养目标

具备一定的金融专业知识素养，提高汽车金融信息的检索和分析能力。

 学习准备

一、我国金融体系的构成要素

既然现代信用的产生是由货币资本的借贷时间差体现的，那么在哪里能够找到提供信用产品的机构呢？接下来了解现代经济社会中的金融体系、金融市场和金融机构。

（一）金融机构

金融机构也称为信贷机构，是专门从事货币流通与信贷经营活动的组织。它分为经营货币或货币资本的机构和提供各种金融服务的机构。一般划分为银行和非银行类金融机构。

（二）金融市场

资金融通是金融的核心。金融市场是这种融资机制最重要的载体。它同时又是一套巨大的体系，包含了资本市场、货币市场、外汇市场、保险市场、衍生金融工具市场等。通过参与金融市场活动，各经济主体可以达到调节金融资源过剩和短缺及合理配置资金的目的。

（三）金融工具

金融工具通常包括与信贷有关的书面凭证、债权债务的合同文件等。它们是金融机构和金融市场交易的主要对象。在中国，金融工具通常包括存款、贷款、交易票据、钞票、保险单、期货、期权和各种金融衍生品的标准化合同。

(四)金融体系

在现代的市场经济条件下，国家通过对金融市场运行机制的安排和管理形成这个国家的金融体系，包括货币制度、汇率制度、信用制度、利率制度、金融机构制度、金融市场制度，以及支付清算制度、金融监管制度等。金融体系是由金融市场和市场中的金融机构所构成的。

一般情况下，融资可分为直接融资与间接融资。

直接融资是指资金的提供者直接向资金的需求者提供资金。资金的提供者和需求者直接沟通以获得资金，这个过程中并没有中介机构的关联。例如，在证券市场上，股民作为资金提供者可以通过买入股票，直接将资金提供给需求者——发行股票的公司。

间接融资指的是由信用中介作为协调资金供求的中间人，寻找资金的供给者和需求者，为他们牵线搭桥，实现资金的优化配置。例如，银行，吸收居民储蓄，吸收居民多余的资金供给，然后将资金放贷给需要资金的企业，资金的需求者——企业可以向银行申请贷款。在这个过程中，资金的供给者——居民和资金的需求者——企业并不直接联系，而是通过银行来协调配置资金的使用。

二、中国金融体系

(一)金融市场

我国目前已经逐步形成了一种由货币市场、债券市场、股票市场、外汇市场、黄金市场、商品期货市场和金融衍生品市场等共同组成的，同时具备了交易场所多层次、交易种类多元化和交易制度多样化等特点的市场系统。

1.货币市场

我国货币市场建设始于1984年银行间同业拆借市场的建立，目前已经形成包括银行间同业拆借市场、短期债券市场、债券回购市场和票据贴现市场在内的统一货币市场格局。

货币市场的主要功能包括央行实施货币政策的重要载体及各类金融机构调节资金头寸、管理流动性和进行资产投资的主要场所。

2.债券市场

债券市场是发行和购买债券的场所，是金融市场中的一个重要部分。

按照债券的运作流程及金融市场的基本功能，可以把债券市场细分成发行市场和流通市场。债券发行市场简称一级市场，是指发行单位首次出售新债券时的交易市场。证券发行市场的主要功能是把地方政府部门、金融组织和工商企业等为筹资而向社会发行的债券，分散发行到投资人手上。

债券流通市场又称二级市场，是指出售和转让已发行债券的市场。债券一经认购，在一定期限内的债权债务关系即成立，但投资者可以通过债券流通市场转让其债权，从而达到将债券变现的目的。

债券发行市场和流通市场相互促进，是相互依赖补充的整体。发行市场是整个债券市场的根源，是债券流通市场的基石。成熟的流通市场是发行市场的重要支撑，流

通市场的发展又是发行交易市场扩展的重要推动力。

(1)债券的分类。

①利率债：直接以政府信用为基础或以政府提高偿债支持为基础发行的债券。广义的利率债包括国债、地方政府债、中央银行发行的票据、国家开发银行等政策性银行发行的金融债、铁路总公司等政府支持机构发行的债券。利率债的主要特征是信用风险较小，影响其实际价值的原因大多是市场收益率及投资的机会成本。

②信用债：以企业商业信用为基础发行的债券。中期票据、短期融资券、企业债、公司债四个主要品种构成了我国信用债市场的主体。

(2)债券市场的运行特点。

①债券市场产品创新提速，产品种类细化丰富。

②债券市场基础设施与制度建设稳步推进。

③信用风险高位企稳。

④债券市场对外开放稳步推进。

3. 股票市场

我国股票市场具有多元化的制度体系，包含场内市场和场外市场。场内市场可分为沪深主板市场、中小板市场、科创板市场、创业板市场和全国中小企业股份转让系统(新三板)等，而场外市场可分为区域性股权交易市场和交易柜台市场。

虽然金融机构投资者群体持股市值数量规模逐年增加，但总体而言个人投资所占的比例一直较高。

4. 外汇市场

随着我国外汇交易管理体制的改革和汇率形成制度的健全，初步建立了将外汇交易零售金融市场与商业银行间批发市场有机结合，以竞价与询价交易方式为相互补充，涵盖了即期、远期和掉期等各种外汇工具的交易市场系统。银行间外汇市场已初步形成，具有价格发现、管理风险和配置资源功能。人民币外汇市场分为在岸(CNY)市场和离岸(CNH)市场。银行间外汇市场的交易方式包括竞价和询价，其中成交以询价为主。

外汇市场完善了人民币的形成制度，在促进人民币可兑换、服务地方金融、促进宏观调控方面的改革，包括推动市场制度的健全发展等。

5. 黄金市场

2002年10月上海黄金交易所正式运行，达成了我国黄金生产、消费、流通领域的制度市场化改革，也标示着我国境内黄金交易市场的真正开放。

我国黄金市场的特点：市场结构相对完善，分为一二级市场和衍生品交易市场等多级系统；参与的市场主体种类多样化；与实体经济及黄金行业发展紧密相关；融资和风险的分散功能也逐步得以实现。

6. 商品期货市场

目前，我国成立了上海期货交易所、大连商品交易所和郑州商品交易所三大商品期货交易所。期货市场监管方面，我国形成了中国证监会、地方证监局、期货交易所、期货市场监控中心和中国期货业协会"五位一体"的期货监督协同工作体制，以及相对健全的监督法规体制。

7. 金融衍生品市场

2006 年 9 月，中国金融期货交易所正式成立，成为我国首家金融衍生品交易所。2010 年 4 月 16 日，中国金融期货交易所推出沪深 300 股指期货合约，标示着国内的金融衍生品交易市场迈入了稳步发展阶段。2015 年 2 月 9 日，我国首个场内金融期权——上证 50ETF 期权，在上海证券交易所正式上市交易。金融衍生品市场分类见表 2-2。

表 2-2　金融衍生品市场分类

利率类衍生品	权益类衍生品	货币类衍生品	信用类衍生品
场内国债期货	股票期权	人民币外汇期权和期权组合	风险缓释合约
场外利率远期	股指期货	外汇远期	信用风险缓释凭证
利率互换产品	认股权证	外汇掉期	信用违约互换
		货币掉期	信用连结票据

(二)金融机构

我国金融组织机构由中央银行为龙头、国有商业银行机构为主体，覆盖了股份制商业银行、城市商业银行、农村商业银行、跨国银行、农村信用社等组成的多样化银行组织系统；有以证券、期货企业和股票投资基金为主，以各种融资咨询与服务中介、信托金融组织为辅的多样化投资中介系统；同时有人寿保险公司、财产保险公司、再保险公司等提供多样化保障业务的保险服务中介机构。

1. 中央银行

中国人民银行作为中国的中央银行，是在国务院领导下制定和实行货币政策、监督管理金融业的国家机关。它具备了当今世界各国中央银行的共同特征，是通货发行的银行、银行的银行及政府的银行。中国人民银行按照政府部门行使职能的要求而设置分行等机构。分支机构作为地方办事机构，负责本辖区内的金融监督管理工作，并根据中国人民银行的授权从事相关业务。

2. 国有商业银行

当前有四家国有商业银行是我国金融机构体系的主要参与者，分别为中国工商银行、中国农业银行、中国银行和中国建设银行。目前，国有独资商业银行不管是在从业人员、机构网点的总量上，还是在资本规模和金融市场所占份额上，都占据着我国整个金融业领域中绝对重要的地位。

3. 股份制商业银行

国有商业银行股份制改革从根本上改革国有商业银行体制，完善企业管理改革形式，选择了国内外战略投资者进行企业资本构成，进一步改革了单一股权结构，实现了融资主体多元化，并保留了国有控股的主体地位。目前，我国主要的股份制商业银行包括交通银行、中信实业银行、中国光大银行、上海浦东发展银行等。

4. 政策性银行

政策性银行是由政府直接投资建立的，按照地方政府部门的决策和意愿专门从事

优惠政策性金融服务的银行。它的经营活动不以盈利为主要目的，并且按照具体分工的不同，服务于专门的领域。我国政策性银行主要包括国家开发银行、中国进出口银行、中国农业发展银行三家银行。在运营过程中，都遵循了不与其他商业化机构竞争、自主经营与保本微利的基本原则。

除了上述的银行金融机构，目前国内主要的非银行类金融机构还有如下几种。

（1）保险公司。中国人寿、中国平安等保险公司。

（2）投资公司。中金公司、汇金公司等金融公司。

（3）证券公司。中信证券、银河证券等证券公司。

（4）基金公司。上投摩根、泰达荷银等基金公司。

（5）信托公司。中国国际信托投资公司。

（6）国家政府管理机构。国家外汇管理局、国家金融监督管理总局、中国证券监督管理委员会。

（三）中国特色社会主义金融治理体系建设的优势

中华人民共和国建立 70 多年以来，在中国共产党的带领下，我国金融管理体制进一步完善，金融机构管理实力有效增强，金融业改革与发展实现了巨大成就，并基本建立了同我国社会主义制度相适应的现代金融市场系统、有效保障金融稳健的监管体制、完备的金融控制体制及公平的对外开放体制。70 多年间中国金融业蓬勃发展，经历各类艰难挫折而稳定成长，经历各类风险挑战而更加开放宽容，中国特色社会主义金融机构管理体制和管理能力的优越性也越来越突出。

保持了党中央对全国金融业工作的集中统一领导，是我国金融的独特优势。党中央对金融业工作的正确领导，能够保证中国金融业改革发展的正确方向，是对抗各类风险挑战、保障我国金融安全的基础保证，是新时代中国金融事业从无到有、从小到大、由弱到强、由闭塞到开放不断壮大的决定性原因。不管是在战争时期，还是在社会主义革命事业的建立时期，中国共产党始终高度重视金融工作。在党中央的统一领导下，新时代中国金融系统成功保障了中国革命根据地的斗争与发展、民族解放战争的胜利，以及中华人民共和国建立前后国民经济、金融秩序的统一稳固与恢复。自改革开放以来，又成功顶住了亚洲金融危机及美国次贷危机所带来的全球金融危机的打击，有力保障了中国宏观经济不断发展。尤其是党的十八大至今，以习近平同志为核心的党中央谋长远大局，充分发挥党总揽全局、协调各方的引领作用，促进了中国金融事业发展再上新台阶。

任务实施

一、明确任务

（1）分组查阅资料学习我国信用体系的构成及特点。

（2）分组查阅资料学习我国金融机构和金融市场的特点及其对汽车销售和汽车金融服务的影响。

二、制订实施计划

(1)班级分组及小组分工：根据班级人数分成4～6组，小组成员进行分工，利用计算机、网络等信息设备查阅学习资材，学习我国信用体系的构成及特点。

(2)小组展示：分组查阅资料后归纳总结，并进行小组展示。

评价反馈

教师设计考核评价表(表2-3)，小组之间开展自评与互评；教师对各组任务的完成情况予以评价和鼓励。

表2-3　考核评价表

序号	考核内容	分值	评分标准	自评	互评	师评
1	小组准备	10	小组分工明确、共同合作，有团队精神			
2	知识运用	30	学习我国信用体系的构成及特点，以及我国金融机构和金融市场的特点及其对汽车销售和汽车金融服务的影响			
3	成果展示与任务报告	20	能够根据搜索的信息进行详细的阐述并提出看法			
4	学习态度与课堂纪律	15	学习积极主动、态度认真、遵守教学秩序			
5	自主学习与动手能力	10	根据教师分布的任务，带着问题去思考，去检索所需知识，分析并制作PPT汇报			
6	基本素养	15	了解我国社会主义金融体系的优越性，更好地为汽车产业服务，具备一定的信息检索和分析能力			
总配分		100	总得分			
综合评价						

巩固提升

一、单项选择题

1. 长期资金市场又称为(　　)。

　　A. 初级市场　　　B. 货币市场　　　C. 资本市场　　　D. 次级市场

2. 下列不属于货币市场的是（　　　）。

　　A. 银行同业拆借市场　　　　　　　　B. 贴现市场

　　C. 短期债券市场　　　　　　　　　　D. 证券市场

3. 下列不属于中国人民银行具体职责的是（　　　）。

　　A. 发行人民币　　　B. 给企业发放贷款　　C. 经理国库　　　D. 审批金融机构

4. 我国现行的中央银行制度下的金融机构体系，其核心银行是（　　　）。

　　A. 中国人民银行　　　　　　　　　　B. 国有专（商）业银行

　　C. 股份制银行　　　　　　　　　　　D. 非银行金融机构

5. 投资银行是专门对（　　　）办理投资和长期信贷业务的银行。

　　A. 政府部门　　　B. 工商企业　　　C. 证券公司　　　D. 信托租赁公司

二、判断题

1. 金融市场发达与否是一国金融发达程度及制度选择取向的重要标志。　　（　　　）

2. 政策性银行也称政策性专业银行，它们不以盈利为目标。　　　　　　　（　　　）

3. 我国的国有独资商业银行不能从事代理发行政府债券业务。　　　　　　（　　　）

4. 农业银行的资金来源完全由政府拨款。　　　　　　　　　　　　　　　（　　　）

5. 外资金融机构在华代表处不得从事任何直接盈利的业务活动。　　　　　（　　　）

三、简答题

1. 简述我国金融机构体系的构成。

2. 中央银行有哪些具体职能？

任务三　计价信用产品

任务情境

　　李先生将办理汽车贷款所需的相关资料送到了银行，假如你是一名汽车金融顾问，将如何根据李先生的情况，为他推荐贷款产品，并为其进行详细的介绍？根据所学知识为李先生进行利息的计算与还款方式的推荐。

知识目标

掌握各种利率的分类及利息的计算方法、汽车消费信贷不同产品的特点，会计算等额本金和等额本息法的月还款额。

能力目标

能根据客户的具体情况为客户推荐最佳的汽车消费信贷产品。

素养目标

小组合作完成任务，具备团队协作的精神；同时提高学生对客户需求的识别和引导。

各种各样的信用产品（金融产品）都有其产品价格，这个价格就是利率，如不同贷款产品的价格就是这种产品的利率。因此想要了解信用产品的价格及汽车贷款产品的价格，就要了解利率和利息。

生活中的利率与利息，如图 2-1 所示。

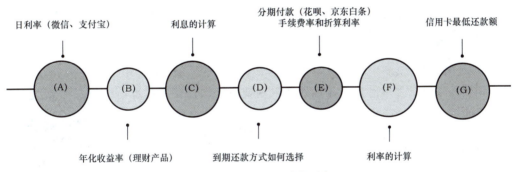

图 2-1　生活中的利率与利息

一、利息与利率的概念

利息是债务人为取得货币使用权而向债权人支付的超过本金的部分。

利率是一定时间内利息额与投资本金的比率。

二、利率的种类

1. 年利率、月利率与日利率

利率按计算期限不同可分为年利率、月利率和日利率。

年利率：按年计算的利率，用百分数（％）来表示。

月利率：按月计算的利率，用千分数（‰）来表示。

日利率：按天计算的利率，用万分数（0.01％）来表示。

中国的"厘"：年利率 1 厘、1％；月利率 1 厘、0.1％；日利率 1 厘、0.01％。

2. 官方利率与市场利率

按确定利率的主体不同可分为官方利率和市场利率。

官方利率是指一国政府或货币管理当局（通常为中央银行）确定的利率。

市场利率是指在货币借贷市场上由借贷双方通过竞争而形成的利率。

3. 固定利率与浮动利率

按对利率管理方式的不同可分为固定利率和浮动利率。

固定利率是指在融资期限内利率价格不做调整。

浮动利率是指在融资期限内融资利率不固定，而是每过一定时间根据市场利率的变化重新确定利率。

4. 名义利率与实际利率

按利率性质不同可分为名义利率和实际利率。

名义利率是以名义货币表示的利率。

实际利率是名义利率剔除了通货膨胀因素以后的真实利率。

用公式近似表示：实际利率＝名义利率－通货膨胀率。

5. 存款利率与贷款利率

存款利率是指客户在银行和其他金融机构存款所取得的利息与存款本金的比率。

贷款利率是指银行和其他金融机构发放贷款所收取的利息与贷款本金的比率。

三、汽车消费信贷还款方式的种类

1. 到期还本付息

到期还本付息是指借款人在贷款期限到期时一次性还本付息，利随本清。

其特点：贷款期间不还款，期满时一次性付清本金和利息。

适用人群：短期急需资金的借款人。

视频：等额本金
等额本息

2. 等额本金

等额本金是指贷款人将本金分摊到每个月内，同时付清上一交易日至本次还款日之间的利息。

其特点：按照还款月份确定，每月还款额呈逐月递减的态势；把所有借贷本金按偿还的总月数均分，然后计算上期未还本金的应还利息，合计每月均分的本金额及当月利息额，从而得出当月应还款的数额。所以等额本金法首月的还款额最多，之后每个月递减，所还的利息也逐渐减少。

适合人群：适用当前收入较高，有一定积蓄，但家庭负担日益加重，准备提前还款的人群，如中老年人。等额本金还款图示如图 2-2 所示。

等额本金计算公式：

$$每月本金＝\frac{总本金}{还款月数}$$

$$每月利息＝（本金－累计已还本金）×月利率$$

$$每月还本付息金额＝\frac{本金}{还款月数}＋（本金－累计已还本金）×月利率$$

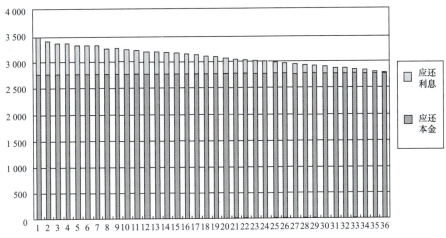

图 2-2　等额本金还款图示

$$还款总利息 = \frac{(还款月数+1) \times 贷款额 \times 月利率}{2}$$

$$还款总额 = \frac{(还款月数+1) \times 贷款额 \times 月利率}{2} + 贷款额$$

3. 等额本息

等额本息即借款人每月按相等的金额偿还贷款本息，其中每月贷款利息按月初剩余贷款本金计算并逐月结清。

其特点：每月还款为同一数额，从实质上来看是每月还款的本金额递增，而利息额每个月逐渐下降，月还款数保持恒定，也就是说，在按月支付的"本息"分配比例中，前期返还的利息比例较大，本金比例较小。还款期过了一半之后，逐渐变成了以本金比例为主，利息所占比例相应减少。

适用人群：现期收入较低，负担人口较少，但预计未来收入将稳定上升，并且不打算提前还款的人群，如部分年轻人。等额本息还款图示如图 2-3 所示。

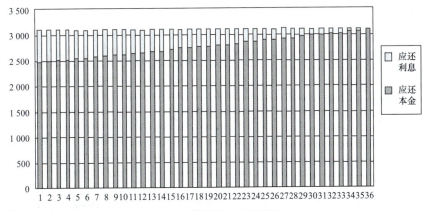

图 2-3　等额本息还款图示

等额本息计算公式：

$$每月利息＝剩余本金×贷款月利率$$

$$每月还本付息金额＝\frac{本金×月利率×(1＋月利率)^{还款月数}}{(1＋月利率)^{还款月数}－1}$$

$$还款总额＝\frac{贷款额×还款月数×月利率×(1＋月利率)^{还款月数}}{(1＋月利率)^{还款月数}－1}$$

$$还款总利息＝\frac{贷款额×还款月数×月利率×(1＋月利率)^{还款月数}}{(1＋月利率)^{还款月数}－1}－贷款额$$

[例2-1] 若贷款10万元，贷款期限5年，年利率为4.75％，采用到期还本付息、等额本金和等额本息三种还款方式，每期还多少钱？5年到期后一共偿还的本息及利息是多少？

解：(1)到期还本付息(单利)：

到期本息和＝100 000×(1＋4.75％×5)＝123 750(元)

利息＝100 000×4.75％×5＝23 750(元)

(2)等额本金：

月利率＝4.75％÷12＝0.395 8％

偿还本金期限＝12×5＝60(月)

每月偿还本金＝100 000÷60≈1 667(元)

第一个月偿还本金和利息＝1 667＋100 000×0.395 8％＝2 062.8(元)

每月递减＝1 667×0.395 8％≈6.6(元)

60期满偿还本息和及利息计算量大，在此只给出结果，即最后本息和为112 072.92元，利息为12 072.92元。

(3)等额本息：计算量较大，只给出结果，即本息和112 540.20元、利息12 540.20元、每月1 875.67元。

4. 汽车消费信贷的其他产品

汽车消费信贷除了等额本金还款、等额本息还款这两种最主要的银行信贷还款方式外，各家汽车金融公司还针对不同购车者的需求提出了各种灵活快捷的还款方式，甚至针对大客户提供专门的贷款产品设计，充分满足不同消费者的贷款需求。

(1)递增型阶梯式信贷(图2-4)。借款人还款期按季(半年、年)分成若干阶段；相邻阶段的每月还款额是递增的，同一个阶段内的还款额是相等的；期限不超过36个月，只能一次性全部提前还款。

(2)递减型阶梯式信贷(图2-5)。借款人还款期按季(半年、年)分成若干阶段；相邻阶段的每月还款额是递减的，同一个阶段内的还款额是相等的；期限不超过36个月，只能一次性全部提前还款。

(3)预留尾款信贷(图2-6)。客户可以预留贷款金额的一定比例，到期一次性付清或申请展期；预留尾款不超过贷款额的20％；预留尾款贷款期间必须按月本息等额还款；贷款期限不超过36个月，展期期限不超过12个月；只能一次性提前全部还款。

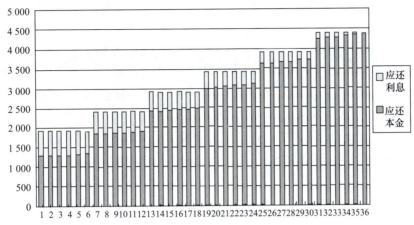

图 2-4 递增型阶梯式信贷图示

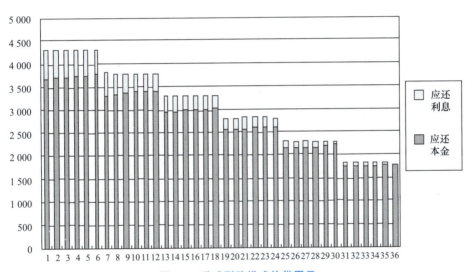

图 2-5 递减型阶梯式信贷图示

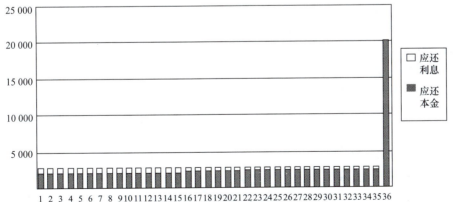

图 2-6 预留尾款信贷图示

（4）关怀型信贷（图 2-7）。关怀型信贷产品期限可选择 14.26%、38 个月；前 2 个月为关怀期，关怀期内只还利息不还本金；关怀期后本息等额按月还款。

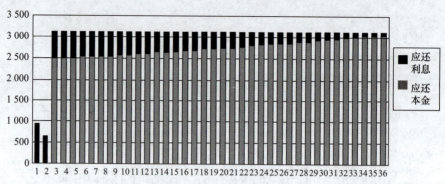

图 2-7　关怀型信贷图示

四、手续费率与实际利率的计算

在利率模式下，利息计算的基数是剩余本金（贷款期内剩余未还的本金金额），利息会随着剩余本金的减少而减少。

在费率模式下，手续费计算的基数是贷款本金（向金融机构贷款的金额），费率通常用于信用卡等消费类贷款的手续费计算，每期缴纳的金额相同，也就是按最初贷款本金计费，即使剩余本金减少了，每期要还的手续费也是不变的。

计算公式如下：

$$年利率=\frac{单期手续费率×分期数×24}{分期数+1}$$

最低还款额度是指刷卡月内最低要偿还的数额，体现在刷卡当月账单上。只要消费者在期限内全额还款，刷卡消费就可以享受免息期服务。但是如果不能一次偿还，则可以在最后一次缴款之日前按时还足最低还款额。这种还款方式并不会影响个人的信用报告，但无法享有免息还款期，当期全部消费自记账日起按照日息万分之五的利率计算应付的利息。

[例 2-2]　假设消费了 12 000 元，手续费率为每期 0.66%，然后分 12 期还款，该消费的"年利率"是多少？

解：每个月要还的手续费为 12 000×0.66%=79.2(元)

一年的手续费就是 79.2×12=950.4(元)

但是事实上，每个月都要还 1 000 元，而且借的本金实际上也始终都是在减少的。例如，在还清了第一个月以后，借的本金只剩余了 11 000 元，以此类推，每月平均负债数就应当是如下计算的：

(12 000+11 000+10 000+9 000+…+2 000+1 000)/12=6 500(元)

这样看月均负债约为 6 500 元。

之前的几个月负债都超过了 6 500 元，之后的几个月都低于 6 500 元，所以综合前后的负债额，粗略测算的 12 期分期付款的实际利率（表 2-4）：

950.4÷6 500×100%=14.62%

表 2-4　分期付款手续费率折算表

产品	3 期		6 期		9 期		12 期	
	费率	实际年利率	费率	实际年利率	费率	实际年利率	费率	实际年利率
蚂蚁花呗	0.83%	14.94%	0.75%	15.27%	0.72%	15.34%	0.73%	15.86%
京东白条	0.50%	9%	0.50%	10.21%	0.50%	10.67%	0.50%	10.90%
招商银行信用卡	0.90%	16.20%	0.75%	15.43%	—	—	0.66%	14.62%
建设银行信用卡	0.75%	13.50%	0.70%	14.40%	—	—	0.60%	13.29%

一、获取信息

调查我国各大商业银行对个人汽车消费信贷贷款利息的计算与还款方式的相关规定，并填写表 2-5。

表 2-5　实践记录表

实践项目：商业银行汽车消费信贷利息的计算与还款方式的调查

班级		小组	
姓名		学号	
调查目的			
调查方式			
调查对象			
调查流程			
调查的主要内容			
调查的过程记录			
调查的结论			

二、明确任务

(1)根据教师提供的客户资料帮助客户进行汽车消费信贷利息的计算与还款方式的选择，根据客户需求和调查到的商业银行贷款利率、选择的还款方式为客户办理汽车消费信贷手续。

(2)各小组模拟银行及汽车金融公司汽车消费信贷的工作情景，同时进行分角色练习，展示学习成果，并进行组内和组间的自评与互评，接受指导教师的评价反馈。

三、制订实施计划

(1)小组成员查阅学习资料，利用计算机、网络学习汽车消费信贷利息的计算与还

款方式的选择等相关知识。以小组为单位学习相关知识，并完成下列任务。

①帮助客户计算不同贷款方式下的还本付息。

②帮助客户进行利息的计算和还款方式的选择时应考虑的因素有哪些？

（2）各组模拟"银行信贷员"帮助"客户李先生"进行贷款利息计算和还款方式选择的宣讲与演示说明（客户李先生的个人信息及车辆详情可由授课教师指定或由各组学生自行设计），现场感受任务描述中的汽车消费信贷银行业务的工作氛围。在教师的引导下，以小组为单位学习相关技能。

评价反馈

教师设计考核评价表（表2-6），小组之间开展自评与互评；教师对各组任务的完成情况予以评价和鼓励。

表2-6　考核评价表

序号	考核内容	分值	评分标准	自评	互评	师评
1	小组准备	10	小组分工明确、共同合作，有团队精神			
2	知识运用	30	根据商业银行对个人汽车消费信贷贷款利息与还款方式的规定，计算客户汽车贷款的利息，比较各个方案，最后选择适合客户具体情况的还款方式和金融方案，能利用利率、利息相关知识，分析、判断金融方案的优缺点			
3	成果展示与任务报告	20	能够根据所掌握的知识和查询到的信息对不同的汽车消费信贷产品进行分析，做出判断，并分析和阐述看法			
4	学习态度与课堂纪律	15	学习积极主动、态度认真、遵守教学秩序			
5	自主学习与动手能力	10	根据教师分布的任务，带着问题去思考，去检索所需知识，分析并制作PPT汇报			
6	基本素养	15	小组合作完成学习任务，培养团队协作的精神。同时培养对客户需求的识别和引导			
	总配分	100	总得分			
	综合评价					

巩固提升

一、单项选择题

1. ( )是借贷资本的增值额或使用借贷资本的代价。
   A. 货币　　　　　B. 收益　　　　　C. 利息　　　　　D. 资本

2. 在借贷过程中，因为通货膨胀造成的货币贬值，导致了( )利率和( )利率的划分。
   A. 固定　浮动　　B. 基准　一般　　C. 名义　实际　　D. 官定　市场

3. 当名义利率高于通货膨胀率时，实际利率为( )，资金处于增值状态。
   A. 名义利率　　　B. 正利率　　　　C. 浮动利率　　　D. 负利率

4. 在利率上升阶段，( )会使借款者节省利息支出，同时也造成贷出方无法随着市场行情提高利息收益。
   A. 实际利率　　　B. 浮动利率　　　C. 名义利率　　　D. 固定利率

5. ( )是由货币资金的供求关系来决定的，并随着市场供求关系的变化而变化。它反映的是不受非市场因素干预调整的结果。
   A. 固定利率　　　B. 市场利率　　　C. 官定利率　　　D. 浮动利率

6. ( )中本金随着期限延长是逐渐增加的，更能反映利息的本质，同时充分体现资金的时间价值，更适用于计算中长期借贷利息。
   A. 单利法　　　　B. 复利法　　　　C. 固定利率　　　D. 浮动利率

7. ( )是指现在的一笔资金或一系列收付款项按既定的利率计算所得到的在未来某个时点的价值，即是本金和利息之和。
   A. 终值　　　　　B. 现值　　　　　C. 贴现　　　　　D. 复利

8. 规定的利息与信用工具当期市场价格的比率称为( )收益率。
   A. 名义　　　　　B. 即期　　　　　C. 实际　　　　　D. 年

9. 若国际金融市场上的利率水平( )，就会吸引国内资金外流，导致国内货币供给量( )，利率就会存在很大的上升压力。
   A. 上升　减少　　B. 上升　增加　　C. 下降　减少　　D. 下降　增加

10. 利率的调高会使企业压缩资金需求，减少借款规模，更加谨慎地使用资金。这是利率对( )的调节作用。
    A. 投资结构　　　B. 储蓄　　　　　C. 企业信贷需求　D. 资金周转

二、计算题(根据所给资料和要求列出必要的计算过程，结果保留两位小数)

1. 客户在支付宝余额宝里存入了 10 000 元，余额宝的 7 日年化收益率为 3.936%，如果客户 7 天后全部提取，共能得到多少钱？

2. 如果把 10 000 元在银行存 3 年，有两种存期可供选择：一是存一年期(期满转存)；二是存三年期，对照最新银行存款利率表(表 2-7)计算并选择是存一年期还是存三年期。

表 2-7　银行存贷款基准利率表

各项存款利率	利率
活期存款	0.35
整存整取定期存款	利率
三个月	1.10
半年	1.30
一年	1.50
二年	2.10
三年	2.75
各项贷款	利率
六个月	4.35
一年	4.75
一至五年	4.90
公积金贷款	利率
五年以下（含五年）	2.75
五年以上	3.75

　　3. 客户王某拟贷款三年购买一辆丰田卡罗拉，厂家指导价 163 800 元，客户至丰田官网查询后，结合自己的实际情况选择了等额本息方案，但具体是贷款三年还是五年，客户考虑根据两种方案的利率来决定最终方案。计算该贷款方案的年利率（列出计算公式即可），并思考两种方案中哪个利率相对较低。购车方案见表 2-8 和表 2-9。

表 2-8　等额本息购车方案 1

等额本息	
车型	卡罗拉
车价	163 800 元
首付	49 140 元
融资	114 660 元
期限	60 个月
尾款	无
月供	2 682.23 元

表 2-9　等额本息购车方案 2

等额本息	
车型	卡罗拉
车价	163 800 元
首付	49 140 元
融资	114 660 元
期限	36 个月
尾款	无
月供	3 876.62 元

任务四　规避金融风险

李明在汽车销售公司实习期间，经理让他用所学知识为公司销售团队做一次知识讲座，介绍一下贷款购车过程中可能会出现的各种风险，并结合公司情况给大家介绍防范风险的基本措施。假如你是李明，将如何完成此次任务？

知识目标

了解汽车金融业务中存在的各种金融风险及其特征，掌握金融风险的防范措施。

能力目标

能了解金融风险产生的原因，有判断风险事件的敏锐性，具备一定的防范风险的能力。

素养目标

养成防范风险的意识，提高风险感知的敏锐性。

模块二　汽车交易中的金融知识

学习准备

一、金融风险的概念

货币加上时间这个杠杆变成信用后会产生巨大的风险。金融风险与金融活动相伴相生，是金融市场的一种内在属性。由于风险的复杂性，目前金融风险的概念尚无一种准确、统一的解释。通常认为，金融风险是指在金融全球化的环境下，资本在运动过程中由于一系列不确定因素而导致的价值或收益损失的可能性。换而言之，金融风险是指经济主体在金融活动中遭受损失的不确定性。

动画：金融危机

金融风险与一般风险的概念有着显著的区别，金融风险是针对资金的借贷（如长、短期资金借贷）及资金经营（如证券投资、外汇投资）等金融活动所带来的风险。金融风险理论特别强调结果的双重性，即由于金融风险既可能造成重大损失又可能获得巨大利益，在带来消极影响的同时又存在积极影响，因此它的含义远比一般风险的概念丰富。

在金融活动中，不确定性包括"外在不确定性"和"内在不确定性"两种。外在不确定性是经济运行过程中随机性、偶然性的变化或难以预见的变化趋势，如国民经济发展的变化趋势、社会市场经济资本供需状况、政治态势、科技环境和各种资源利用要求等各种因素。国民经济发展的变化趋势通常表现为萧条、上升、高涨、下降等的阶段性周期变动，其阶段的长短及其对各种社会经济运行变量的影响程度都是未知的；社会市场经济资本供需状况反映了市场上供需力量的对比，它受到货币政策和财政政策等多方面因素的影响，但是其反过来又对利率和宏观经济政策等因素产生影响；政治态势涉及政局的稳定性、政策的连续性等。外在不确定性包含了来自国外市场的不确定性冲击。通常，由于外在不确定性会对整体金融市场产生影响，因此由外在不确定性所引起的金融风险，就称为"系统风险"。

内在不确定性源自经济体系之内，它是由行为人主观决策及获取信息的不充分性等原因造成的，带有明显的个性特征。因此，公司的经营管理实力、产品能力、生产规模、信誉质量等的变动都直接关系其履约能力，甚至公司内部的人员任命、主要负责人的身体状况等，都会影响其证券的投资价值。对于内在不确定性可能产生的风险，既可利用适当的规范（如公司的信息披露制度和市场交易规则等）提前进行防范，也可采取分散投资等方式来减少损失。所以，由内在不确定性而形成的风险称为"非系统风险"。

二、金融风险的类型

根据金融风险的特性，主要的金融风险类型包括市场风险、信用风险、操作风险、流动性风险和国家风险。

(一)市场风险

市场风险是指交易组合由于市场价格反向变化导致市场价值产生波动带来的风险。根据国际清算银行的定义，市场风险是由于资产负债表内和表外的资产价值受到股票、利率、汇率的变动而发生反向变化的风险。巴塞尔委员会于1996年1月发布的《资本协议市场风险补充规定》文件中规定，市场风险是市场价格波动引起的资产负债表内和表外头寸出现亏损的风险。市场风险包括利率风险、汇率风险和证券投资风险。

1. 利率风险

利率风险是指由于利率变动导致行为人受到损失的可能性。资产负债表的绝大多数项目都会受利率波动的影响。由于利率及收入都存在一定范围内的波动，借贷各方都要接受利率的约束：当利率下降时放贷者就会面临损失，而当利率上升时借贷者又需要承担很大的成本，受利息变动影响的双方头寸也均面临风险。通常影响利率变化的主要因素包括央行的货币政策、企业经营活动水平、投资人预期和其他国家的利率水平等。

2. 汇率风险

汇率风险又称外汇风险，通常是指由于汇率的变动使某一经济活动主体蒙受损失的可能性。

近年来，全球各地的经贸合作交流与日俱增，国际金融也朝着电子化方向快速发展，外汇交易市场上的不确定性有所上升。再加上世界各地经济社会发展不均衡、国际收支不平衡、部分地区政局动荡不安，以及大规模的外汇投机炒作等复杂原因，使汇率的变化更加剧烈。汇率大幅度、随机性波动，很可能会对部分国家政府和经济活动主体产生严重的负面影响。

3. 证券投资风险

在现代经济中，金融市场在市场体系中发挥着不可替代的关键作用。在全球金融市场上，包括政府公债、公司股票、不动产抵押债券等的大批证券在不间断地买进与卖出。而投资者在金融市场进行证券交易时，除了证券带来的利息收益，他们通常采用低价买进和高价卖出的方式，通过交易证券价格的差异获取投资利润。但是，由于金融市场在经济活动的诸多因素的综合影响下产生巨大的变化，存在很大的不确定性。市场环境复杂多变，特别是股市的大起大落，难以捉摸。因此，投资人在股市得到意想不到的盈利的同时，也要做好承受严重亏损的心理准备。在股价暴涨暴跌的过程中，投资者所面临的风险不言而喻。

(二)信用风险

信用风险是指由于交易对方(债务人)信用状况和履约能力的变化导致债权人资产价值遭受损失的风险。

导致信用风险的因素众多，主观方面的各种因素由债权人的经营品质、实力等各种因素决定。例如，在期汇交易中，由于持有外汇多头的投机者在外币价格下跌时可能不遵守协议，企业就会因此蒙受损失；有的则是因为客观原因，如宏观经济变化、中小企业破产等，这些债务人将因故难以偿还债务。

在商业银行的所有金融资产中，贷款的信用风险比例最高。在银行贷款中，不同类型的贷款具有不同的信用风险。例如，长期贷款的风险通常大于短期贷款，因为随着还贷时间的拉长，公司在长时间内破产等意外产生的可能性也更大，影响商业银行信用风险的因素也随之增加。再比如，大额贷款的信用风险大于小额贷款，因为如果产生损失，大额贷款的损失及后续影响也会较大。此外，担保贷款的信用风险也大于抵押贷款，因为在抵押贷款中，借款人提供的抵押品为偿还债务提供了更直接的第二来源。

除银行贷款外，各类债券发行人可能由于经营不善等因素而无法履约支付，债券投资人也将为此而亏损。不同类型债券的信用风险也有差异。一般来说，政府债券的信用风险较小，而企业债券的信用风险较大。

(三)操作风险

操作风险涉及的内容比较多，凡是因信息系统、报告体系、内部风险监测体系失效而产生的风险都构成了操作风险。例如，企业管理层在缺乏高效的经营风险跟踪、风险报告体系的前提下，其经营活动中产生的经营风险超出了风险限额却没有发觉，且未能适时进行有针对性的行动，最后导致了巨大的经济损失。

操作风险产生于两种截然不同的层次上：①在科学技术层次一般是指信息体系、风险监测体系的不健全，以及科技人员的违章作业；②在组织层次一般是指企业风险报告与监测体系中存在疏漏，并且相应的规章制度也不健全。虽然两者的原因有所不同，但导致的后果如出一辙。因为管理人员忽视了潜在经营风险，以至于在对应的时间节点未能采取有效对策，从而造成了难以挽回的严重损失。

(四)流动性风险

流动性指的是金融资产在不发生损失的情况下迅速变现的能力。它要求的是经济主体在任何情况下所具有的其资产随时变现或是从外部获得可用资金的能力。流动性风险则反映了一个经济实体因这种流动性的不确定变化所造成的损失的可能性。特别是对于金融组织机构，因为其特殊运营职能的特点，如果其信贷保证无法随时履行或者客户对提现的需求无法有效实现，都会为其后续的正常运营造成相当的麻烦。再加上流动性风险的内在派生性及其对外传染性，金融组织机构的流动性风险通常不易传递、转嫁，多为自留、自担。

(五)国家风险

国家风险通常具备两个特征：一是国家风险的产生是在全球化的经济金融活动背景下，而在某个国家区域内的经济金融活动并不会形成国家风险；二是在全球经济金融活动中，无论是政府部门、银行、公司或个人，都可能面临国家风险造成的损失。形成国家风险的原因有许多，既有机构性因素、货币性因素，又有国内政治因素、外部经济因素和流动性因素等。各种因素相互作用，错综复杂。

三、金融风险的特点

(一)普遍性

金融风险在现代市场经济条件下具有普遍性，只要存在金融活动，就会伴随金融风险，这是不以人的意志为转移而客观存在的。由于其具有有限理性和机会主义倾向，以及市场信息的非对称性和主体对客观认识的有限性，市场经济主体做出的决策可能不是及时、全面和可靠的，有时甚至是错误的，从而在客观上可能导致金融风险的发生。

(二)不确定性

金融经营活动、金融决策活动是在一种不确定的环境中进行的，正是由于行为主体不能准确地预测未来，才有可能产生金融风险。经济生活中总是会有不确定性。因此，对金融机构经营人员而言，在从事金融活动时，不确定性始终是一个无法回避的现实问题。金融业的不确定性一般具有以下三个方面的表现。

(1)资源。由于金融资源的相对稀少，因此如何在各种替代用途中分配稀缺的金融资源显示出极大的不确定性。

(2)金融储蓄和实际投资、金融领域和实际经济的分离。这些分离导致金融价值与实际资产价值之间存在复杂和不确定性的关联，可能引发金融市场泡沫现象的产生。

(3)由于金融创新和不确定的预期，金融活动总是伴随金融风险。

(三)隐蔽性

金融风险并非一定在金融危机爆发时才存在，金融活动本身的不确定性损失很可能因信用关系而一直为良好的表象所掩盖。这种"滞后性"是由以下因素决定的。

第一，信用是一种循环过程，导致许多损失或不利因素被这种信用循环所掩盖。

第二，银行具有创造派生性存款的功能，从而使本属即期金融风险的后果，被通货膨胀、借新还旧、贷款还息等形式所掩盖。

第三，银行垄断和政府干预或政府特权，使一些本已显现的金融风险，被人为的行政干涉所掩盖。

(四)扩散性

金融风险区别于其他风险的重要特点之一便是它的扩散性。金融风险产生的损失在影响金融机构自身经营发展的同时，还会造成大批存款者与投资人巨大的经济损失，进而影响社会安定甚至产生萧条动乱的局面。金融风险的扩散性主要体现在如下两方面。

(1)金融机构作为存款与融资的信用中介组织，其一端连接着存款者，另一端联系着投资人。金融机构运营管理的微小失误，都可能如蝴蝶效应一般放大进而导致广大存款者和投资人的经济损失。

(2)金融业不但可以向社会提供信贷等中介业务，同时利用信贷还可以提供派生存款。从这种意义上讲，金融风险存在总量呈倍数扩大的效应。

(五)可控性(也称或然性)

金融风险的产生遵循某种概率分布。它的存在不是没有限制，但也不是确定不移的因果法则，而是根据某种法则规律性地产生着。金融风险的可控性是指市场上金融主体采用特定的方式与机制，从而对风险做出事前辨识、预见、事中化解，以及在事后补救。其原因如下所述。

(1)金融风险是能够辨别、分析和预警的。人们能够通过研究金融风险的特性及其

形成的条件，确定在金融业务运营与管理过程中出现的所有与风险相关的因素，以便于为有效管控风险奠定基础。

（2）人们可根据概率计算和现代化的科学手段，建立各种关于金融风险的技术参数模型。例如，根据历史上的金融风险事件所发生的概率，人们可以来估算和预测产生风险时相关的参数条件，以便于对金融风险的有效监控提供技术支持。

（3）现代金融制度是控制金融风险的有效手段。金融制度是约束金融主体行为、调节金融关系的规则，它的形成、完善和创新发展，使金融机构主体活动受到规范的合理制约，进而将金融风险引入可控的机制稳定状态。

（六）内部因素和外部因素的相互作用性

金融风险主要是由金融机构体制内部的不确定性造成的。一旦国家经济中出现了结构失调、拖欠款项及巨大的通货膨胀等问题，则在风险程度不是很高的情况下，也存在因外部环境的影响而产生金融风险的可能性。所以，宏观经济环境的影响也是引发金融危机变化的关键条件。

（七）可转换性

一国出现金融风险，并不意味着金融危机。但如果没有及时对金融风险采取有效的管理措施，则产生金融风险的可能性较大。

经济全球化和金融市场国际化，使金融风险的蔓延更加快速。倘若某个国家的金融市场体系中出现了普遍的不良预期，则各国金融机构将会更加谨慎地从事与这个国家的利益相关的金融市场活动，并且最终也将会由于这种急速紧缩的国际金融环境而增加此国产生金融风险的可能性。随着金融市场全球化的发展趋势，这个国家的金融风险扩散至全世界的速度也会大大加快。

综上所述，抓住金融风险的特点，不光要从个体层面上去理解，还要从系统的视角去理解。因为金融已日益成为现代经济的核心力量，金融风险已并非一个封闭的市场经济体系内的风险，而是将会蔓延、传播至社会经济运行的各个方面。由于金融机构内部存在着紧密而错综复杂的信用链关系，如果某一金融机构的金融资产价值出现巨大损贬，并使其正常的流动性无法维持，则将会由单个或局部的财务经营风险发展成系统性和全局性的金融动荡。

四、汽车金融业务中的风险

1. 汽车消费信贷风险

汽车消费信贷风险，通常是指借款人在期满时不能或不履行还本付息协议，而导致汽车金融机构遭受损失的可能性。广义上的汽车消费信贷风险是指由于内外部各种不确定的因素对金融机构形成的影响，使汽车金融机构经营的实际收益结果与预期目标出现背离，由此使金融机构在实际经营活动中遭受损失或获取额外收益的一种可能性程度。

2. 汽车消费信贷风险的分类

汽车消费信贷风险可划分为欺诈风险、信用风险、操作风险、市场风险四大类别。这四类风险产生的因素不同，既联系密切、相互影响，又彼此独立，因此也加大了汽车信贷风险的复杂性。

（1）欺诈风险。欺诈风险是指借款人以出手本人非法牟利为目的或者是在他人胁迫或在完全不知情的情况下，向金融机构骗取贷款，从而导致金融机构损失的潜在风险状况。这种风险在我国过去一段时间里长期存在，不但遍及国内各地，而且欺诈手段不断变化，防范难度很大，对金融机构造成的经济损失也最为严重。

（2）信用风险。信用风险是指借款人未能履行借款合同所规定的义务，使汽车金融公司不能按时收回贷款而产生经济损失的风险，也可称为违约风险。它是金融风险的主要类型，因为难以进行转移、衡量并带有滞后性，所以也是汽车信贷风险控制的难题。

（3）操作风险。操作风险是指因不当或不完善的内部操作过程、人员、系统及外界事件进而造成的直接或间接损失的风险。

（4）市场风险。市场风险是指因为外部经济的不确定因素波动变化而造成的个人信贷无法按时偿还，或导致客户无法遵守合约的可能性。汽车消费信贷作为资产业务，容易受到贷款利率波动的影响从而造成风险损失。

五、汽车消费信贷风险特征

近几年，由于我国宏观经济增速放缓、国内外市场环境恶化等因素，汽车贷款业务暴露出大量问题，特别是高端品牌汽车信贷市场，更成为违约的重灾区。特征如下：

（1）高逾期率；

（2）地域差异显著；

（3）恶性欺诈比例高；

（4）欠款车辆大多被非法交易。

六、汽车金融公司防范风险对策

1. 减少经营性风险

（1）建立专业的风险评级系统。利用系统风险监控模块，汽车金融公司既能够预先定义风险规则，也能够解析输入的数据，自动评估风险。

（2）建立健全内控机制。为了预防汽车信贷风险，汽车金融公司应当完善其内部风险管理，同时建立具有可操作性的岗位责任制度，进一步强化贷款管理部门的风险责任，并提出风险管理的具体措施和目标，进一步完善第一责任人制度，层层分解，并落实到个人。

（3）开发风险扩散与转移方式。汽车金融公司的客户特征、业务及运营过程都易形成较大的风险，因此需要对风险扩散和转移的方法做好足够的准备工作，使汽车金融公司的内部风险得以最大化地减少。

2. 减少操作性风险

（1）完善汽车金融公司自身管理体系。

①在意识上提高风险认识。

②对从业人员进行系统培训。

（2）完善汽车金融公司风险预警机制。风险预警目的是对风险的预控提供依据，在特定的风险指标条件下，采取相应的风险预控措施，在风险所导致的损失还未对公司产生实质性伤害前，及时调整公司的风险管理策略与措施，使风险得以控制。

3. 减少流动性风险

（1）发展并深化与商业银行的合作。目前我国汽车信贷以商业银行为主、汽车金融公司为辅，商业银行掌握了汽车信贷的大部分市场。因此，汽车金融公司在与商业银行竞争的同时，可以探索如何建立广泛的战略合作、合资等关系。

（2）实行资产证券化。资产证券化是指汽车金融公司把没有流动性但具有一定未来现金收入的资产，按一定标准进行结构重组，再按证券发行的方式出售给资本市场投资人的一种融资方式。

（3）尝试多元化融资途径。原来的《汽车金融公司管理办法》对汽车金融公司融资途径的限制较大，只允许有三种获取融资的渠道，而2008年出台的《汽车金融公司管理办法》扩展了融资渠道。尤其是从2022年到2023年国家出台了一系列鼓励消费的相关金融政策。

七、进一步完善市场环境和法律环境

1. 完善征信体系建设

缺乏健全有效的个人信用征信体系，就如同防火墙有缺陷的计算机，其运行的结果往往导致整个系统的故障。而我国汽车金融服务目前处于"防火墙尚有漏洞"的阶段，为保证系统的运行，还需要植入完善的个人信用征信体系。

（1）建立全国性的征信网络系统。

（2）健全个人信用评估体系。

（3）建立个人信用担保制度。

（4）建立个人破产制度。

2. 完善法律法规

法律能够反映一个时代的经济环境，具有强制性、权威性及惩戒性的特征，对维护市场上的交易秩序、监督和规范市场交易主体的活动起到非常关键的作用。

3. 完善二手车市场建设

二手车是汽车金融企业的主要抵押物，因此规范二手车市场已势在必行。

一、明确任务

（1）分组查阅学习金融风险产生的原因，以及风险对企业、经济和社会带来的危害。

（2）分组查阅学习汽车金融业务中存在的各种金融风险及其特征，学习金融风险的防范措施。

二、制订实施计划

（1）讨论制订完成任务的计划，明确小组成员的分工和各项任务安排。

（2）小组成员查阅学习资料，利用计算机、网络进行各项知识的查阅整理和分析，形成分析报告，进行小组展示。

教师设计考核评价表（表2-10），小组之间开展自评与互评；教师对各组任务的完成情况予以评价和鼓励。

表2-10　考核评价表

序号	考核内容	分值	评分标准	自评	互评	师评
1	小组准备	10	小组分工明确、共同合作，有团队精神			
2	知识运用	30	学习金融风险产生的原因，风险对企业、经济和社会带来的危害，各种金融风险及其特征，以及金融风险的防范措施			
3	成果展示与任务报告	20	能够根据搜索的资料进行详细的阐述并提出看法			
4	学习态度与课堂纪律	15	学习积极主动、态度认真、遵守教学秩序			
5	自主学习与动手能力	10	根据教师分布的任务，带着问题去思考，去检索所需知识，分析并制作PPT汇报			
6	基本素养	15	通过学习了解风险存在的必然性及其带给经济社会的危害，完善我国的市场环境和法治环境，培养防范风险的意识			
总配分		100	总得分			
综合评价						

一、单项选择题

1. 按照金融风险的性质来划分，下列不属于金融风险的是（　　）。

A. 市场风险　　　B. 信用风险　　　C. 企业风险　　　D. 国家风险

2.（　　）是指获得银行信用支持的债务人由于种种原因不能或不愿遵照合同规定按时偿还债务而使银行遭受损失的可能性。

A. 操作风险　　　　B. 汇率风险　　　　C. 流动性风险　　　　D. 信用风险

3. 金融风险的特征不包括（　　）。

A. 普遍性　　　　B. 不确定性　　　　C. 不可控性　　　　D. 隐蔽性

4. 金融机构的经营活动是不完全透明的，金融风险并不是金融危机爆发时才存在的，可能会因信用活动特点的表现而掩盖金融风险的不确定性损失的实质。这是指金融风险具备（　　）特征。

A. 流动性　　　　B. 隐蔽性　　　　C. 加速性　　　　D. 扩散性

5. 下列不是汽车金融风险形成的原因是（　　）。

A. 对汽车金融风险的认识不足　　　　B. 汽车销售服务不到位

C. 银行对汽车经销商的制约较少　　　　D. 汽车金融服务产品单一

二、简答题

1. 简述金融风险的概念及类型。

2. 金融风险有哪些特点？

3. 简述汽车金融业务中的金融风险。

模块三
汽车消费信贷的流程

模块简介

汽车消费信贷是为汽车消费者提供的一项金融服务，它可以拉动汽车消费，开拓消费者的生活空间，促进汽车企业生产循环。本模块将详细介绍如何提供完善、周到的汽车消费信贷服务，以及消费信贷服务的流程。

任务一　认识汽车消费信贷

任务情境

王伟是上海大众汽车4S店的一名新入职的销售顾问，中秋节前他接待了一位希望能够贷款购买帕萨特2021款轿车的李先生，想了解本店汽车消费信贷的相关业务，根据目前汽车4S店的操作方式，假如你是王伟，将怎样完成此次任务？

学习目标

知识目标

了解我国汽车消费信贷的三种不同模式。

能力目标

能运用现代信息搜索方法收集国内外汽车消费信贷的相关资讯。

素养目标

具备汽车金融服务顾问的专业知识储备，提升专业素质，具备团队协作精神和树立客户服务理念。

一、汽车消费信贷

1. 消费信贷

消费信贷是在金融市场中为了更好地满足消费者消费目的而逐渐兴起的一种创新型的金融产品。美国有关消费信贷的著名法案定义：消费信贷是发放给消费者的在购买消费品或服务用于个人用途时的各类贷款。

中国人民银行的定义：消费信贷即个人消费贷款，是指个人借款用于购买住房、住房装修、旅游、教育或大件耐用消费品等生活消费用途的贷款。从上述定义可知，住房类、汽车消费类、耐用品类及一般用途的个人消费类贷款都属于消费信贷的范畴。

2. 汽车消费信贷

汽车消费信贷作为消费信贷的一种，又称为汽车消费融资，是指金融机构（包括商业银行以及信贷公司或财务公司等非银行金融机构）向经销商及用户在销售、购买汽车时提供的融资业务（贷款）。汽车消费信贷是指对申请购买汽车的借款人发放的人民币担保贷款，是银行与汽车销售商向购车者一次性支付车款所需的资金提供担保贷款，并联合保险公司为购车者提供保险和公证。

3. 汽车金融方案

汽车金融是指消费者在购买汽车需要贷款时，按照自身的个性化需求，选择不同的车型和不同的支付方法，它是一种购车新选择。目前个人汽车消费贷款方式有银行汽车贷款、汽车金融公司汽车贷款、整车厂财务公司汽车贷款、信用卡分期购车和汽车融资租赁五种。

（1）银行汽车贷款。手续：需要提供户口本、房产证等资料，通常还需要以房屋作为抵押，并找担保公司担保，缴纳保证金及手续费。首付：一般首付款为车价的30％，贷款年限一般为3年，需缴纳车价10％左右的保证金及相关手续费。利率：银行的车贷利率是依照银行利率确定的。

（2）汽车金融公司汽车贷款。手续：不需贷款购车者提供任何担保，只要有固定职业和居所、稳定的收入及还款能力，以及个人信用良好即可。首付：首付比例低，贷款时间长。首付最低为车价的20％，最长年限为5年，不用缴纳抵押费。利率：汽车金融公司的利率通常要比银行高。公司：上汽通用汽车金融、大众金融、东风汽车金融、奔驰金融、福特金融、丰田金融。

（3）整车厂财务公司汽车贷款。手续：需提供所购车辆抵押担保。申请人应有稳定的职业、居所和还款来源，以及良好的信用记录等。首付：首付最低为车价的20％，最长年限为5年。利率：利率通常要比银行略高、比汽车金融公司略低。公司：上汽财务公司、一汽财务公司、广汽汇理等。

（4）信用卡分期购车。信用卡分期购车是银行机构推出的一种信用卡分期业务。持卡人可申请的信用额度为2万～20万元；分期有12个月、24个月、36个月三类；信用卡分期购车不存在贷款利率，银行只收取手续费，不同分期的手续费率各不相同。

（5）汽车融资租赁。汽车融资租赁是一种将汽车的所有权和使用权分离，把现金分期付款引入车辆出租服务的一种购车方式。手续：门槛较低，不需要抵押，非本地户口也可以。首付：首付比例低，贷款时间长。首付最低为打包价格（车价＋购置税＋保险）的20％，最长期限为5年，不用缴纳抵押费。利率：融资租赁公司根据不同客户及车型的情况定制不同的利率方案。通常比银行高，但是部分车型有厂家支持政策，可达到市场最低价。产权：分为直租及回租两种方式。直租模式汽车产权为融资租赁公司所有，租赁期满过户。

4. 汽车消费信贷的方式

（1）以车供车贷款。申请人如果不愿意或不能通过房产质押、有价证券质押等形式申请汽车消费贷款，则可以向保险公司购买履约保险，收到保险公司出具的履约保证保险承保确认书，便可到银行申请消费贷款。

（2）住房抵押汽车消费贷款。以已出契证的自由产权住房作抵押，提交有关申请材料，交齐首期款并办妥房产抵押登记手续，便可获得汽车消费贷款。

视频：国外消费信贷模式的优缺点

（3）有价证券质押汽车消费贷款。以银行开具的定期本、外币存单和银行承销的国库券或其他有价证券等作质押，便可以申请汽车消费贷款。

二、我国汽车消费信贷主要模式

目前，我国的汽车消费信贷业务模式根据各主体在信贷业务流程中所履行的职能及其与汽车消费者关联度的不同主要分为三种：以银行为主体的信贷模式、以汽车经销商为主体的信贷模式和以汽车金融公司为主体的信贷模式。

1. 以银行为主体的信贷模式

由于以银行为主体的信贷模式是通过银行直接面向汽车消费者，因此也称"直客"模式。由银行直接对消费者进行信用评定，并与满足信贷要求的消费者签订消费信贷协议，消费者将会从银行设立的汽车消费贷款机构得到相应的购车贷款额度。

在此模式中，银行是各个业务流程的运转中枢，由银行指定的征信机构或律师行出具消费者的资信报告，银行指定保险公司并要求消费者购买其保证保险，银行指定经销商销售车辆。此模式下，风险的主要承担者为银行与保险公司。所以消费者除了承担银行利息之外，还必须承担保证保险、代理费（律师费）等各种费用。

这种模式是相对传统的模式，能够充分发挥银行资金雄厚、服务网络广及贷款利

率低的优势。但仍存在以下问题：

(1)银行不能及时按照汽车市场的快速变化而提供相应的金融服务。

(2)消费者选择银行放贷必须通过担保公司作担保，这中间要承担比较高的手续费和交付一定金额的贷款保证金，因此消费者承担费用较高。

(3)申请较难，手续复杂，对贷款人的要求比较严格，获贷率不高。

采用"直客"模式，还原了个人汽车消费信贷作为一种金融服务商品的本来面目。目前，国内大部分的商业银行均提供了"直客"模式汽车贷款。尽管不同商业银行所提出的业务流程并不一定完全一样，但对贷款的审批条件、审批程序及担保抵押等大致相同。

而近年来出现的银行卡个人消费类汽车专项分期付款业务，只需持卡人的个人信用状况良好、有稳定收入，银行将会根据选购车型给出相应的贷款额度。该方式与传统车贷相比，冲破了审批流程瓶颈，缩短了审核过程，具有手续简化、还款方便的优点，更易于被广大消费者所接受。但这种方式对贷款人和经销商有一定要求，贷款人必须是银行的客户，而经销商必须是该银行的合作经销商。

2. 以汽车经销商为主体的信贷模式

以汽车经销商为主体的信贷模式的特点是汽车经销商直接面对消费者，与用户签订贷款协议，对消费者的信用进行调查评估。汽车经销商负责为购车者办理贷款手续，以汽车经销商自身资产为消费者承担连带责任保证，并代银行收缴贷款本息，而购车者可享受到汽车经销商提供的一站式服务。或者引入保险公司，通过汽车贷款履约等相关险种帮助消费者向银行取得购车贷款。所以，这种模式也称为"间客"模式。

在这一模式中，汽车经销商是整个业务的运营主体，其与银行和保险公司达成协议，承担与消费信贷相关的全部事务，而消费者则仅需与一家汽车经销商打交道。此模式下，风险由汽车经销商与保险公司共同承担。因为汽车经销商在贷款过程中承担了经营风险并付出了相当的人力、物力，所以汽车经销商通常需要收取2％～4％的管理费。因此，消费者还要多承担此项管理费用。目前，以汽车经销商为主体的"间客"模式又有了新的发展，从以前消费者必须购买保险公司的保证保险到汽车经销商不再与保险公司合作，而消费者也不必购买保证保险，汽车经销商独立承担所有的风险。

"间客"模式的好处在于做到了对消费者的全程服务，汽车经销商也可以根据市场变化推出更加合适的金融服务。其不足则在于汽车经销商的资金来源和自身资本规模有限，资金成本较高。

3. 以汽车金融公司为主体的信贷模式

以汽车金融公司为主体的信贷模式是由汽车金融公司直接面对消费者，组织进行消费者的资信调查、担保、审批工作，向消费者提供分期付款服务。

在该模式下，消费者采取抵押所购车辆的方式从汽车金融公司贷款买车。汽车金融公司对贷款消费者进行购车咨询、信用调查、提供担保、售车、贷款中期的信用追踪及售车后的一系列服务，将汽车的生产、销售、消费和服务集于一体，从而真正让最终消费者群体受惠。

此模式与以银行为主体的"直客"模式的运作基本相同，但放贷主体通常是汽车集团企业旗下的汽车金融公司。通常由律师行出具资信文件，由其所属集团的汽车经销商提供车辆，客户购买保险公司的保证保险，汽车金融公司提供汽车消费信贷业务。如果发生客户风险，则由保险公司将余款先赔付给汽车经销商，汽车经销商再将其偿还给汽车金融公司。该模式下，经营风险主要由汽车金融公司和保险公司一起承担。汽车金融公司除去自有资金和已吸收的 3 个月以上的存款作为资金依托外，通常都是按照同业往来利率向银行或其他金融机构借贷，作为保障汽车信贷的主要资金来源。

汽车金融公司的优势在于其更加专业化，能够更高效地连接汽车生产企业、商业企业和银行，并且以汽车金融业务为其主营业务，能够将银行和企业的资源较好地联系在一起，所提供的汽车贷款更灵活、更专业、更具针对性，而且手续简便。其劣势在于贷款利率较高，通常比银行现行利率高出 1%～2%。

一、明确任务

（1）根据学习任务，分小组学习消费信贷概念，以及目前市场上提供汽车消费信贷的机构、方式和三种不同模式。

（2）各小组以分角色扮演形式模拟汽车消费信贷工作情境中的业务介绍，展示学习成果，并进行组内和组间的自评与互评，接受指导教师的评价反馈。

二、制订实施计划

（1）根据工作目标和实际任务，在教师的引导下全班分组，讨论制订完成任务的计划，明确小组成员的分工和各项任务安排。

（2）小组成员查阅学习资料，并利用计算机、网络学习汽车消费信贷基本概念、提供主体、主要方式等知识。在教师的引导下完成下列任务。

①国内外汽车消费信贷的比较（表 3-1）。

表 3-1　国内外汽车消费信贷的比较

对象	提供主体	主要方式	优点	缺点
国内汽车消费信贷				
国外汽车消费信贷				

②国内汽车消费信贷经营模式的比较（表 3-2）。

表 3-2　国内汽车消费信贷经营模式的比较

模式	提供主体	业务流程	优点	缺点

教师设计考核评价表（表 3-3），小组之间开展自评与互评；教师对各组任务的完成情况予以评价和鼓励。

表 3-3　考核评价表

序号	考核内容	分值	评分标准	自评	互评	师评
1	小组准备	10	小组分工明确、共同合作，有团队精神			
2	知识运用	30	运用汽车消费信贷基本概念、提供主体、主要方式等知识，进行国内外汽车消费信贷的比较，以及进行国内汽车消费信贷经营模式的比较，分析我国汽车消费信贷的三种不同模式的优缺点			
3	成果展示与任务报告	20	各小组以分角色扮演形式模拟汽车消费信贷工作情境中的业务介绍，展示学习成果			
4	学习态度与课堂纪律	15	学习积极主动、态度认真、遵守教学秩序			
5	自主学习与动手能力	10	小组成员利用计算机、网络查阅学习资料，并运用现代信息收集方法寻找国内外汽车消费信贷的资讯，根据教师分布的任务，带着问题去思考，并完成任务报告			
6	基本素养	15	具备汽车金融服务顾问的专业知识储备，提升专业素质，培养团队协作精神和树立客户服务理念			
总配分		100	总得分			
综合评价						

一、多项选择题

1. 汽车消费信贷一般有（　　）方式。

　　A. 以车供车贷款　　　　　　　　　B. 汽车保险公司

　　C. 住房抵押汽车消费贷款　　　　　D. 有价证券质押汽车消费贷款

2. 目前提供汽车消费信贷的公司主要有(　　)及汽车资本服务公司等。

    A. 商业银行　　　　　　　　　　B. 专门的信贷公司

    C. 汽车消费信贷机构　　　　　　D. 汽车金融公司

3. 下面(　　)属于中国汽车消费信贷的挑战。

    A. 发展缓慢且水平低

    B. 苛刻的贷款条件使规模扩张受到限制

    C. 市场机遇巨大

    D. 发展空间巨大

4. 目前我国汽车消费信贷模式主要有(　　)。

    A. 直客式消费信贷模式　　　　　B. 间客式消费信贷模式

    C. 间接式　　　　　　　　　　　D. 返回式

5. 消费信贷已成为西方发达国家经济生活的重要内容,其形式主要有(　　)。

    A. 赊销　　　　　　　　　　　　B. 消费信贷

    C. 汽车消费信贷　　　　　　　　D. 间客式消费信贷模式

二、判断题

1. 汽车消费信贷作为消费信贷的一种,或者称为汽车消费融资,是指金融机构(包括银行以及信贷公司或者财务公司等非银行金融机构)向经销商及用户在销售、购买汽车时提供的融资业务(贷款)。　　　　　　　　　　　　　　　　　　　(　　)

2. 规模化和专业化已经成为国际汽车消费信贷业务最主要的特点。　　(　　)

3. 我国大多数消费者都是钱攒够了一次性付款购车,而真正愿意贷款购车的还是极少数,特别是当前贷款利率高且处于上升趋势,加之手续繁杂更是限制了消费者贷款购物的热情。　　　　　　　　　　　　　　　　　　　　　　　　　(　　)

4. 当前美国的汽车消费信贷模式以直接贷款和间接贷款两种方式为主。　(　　)

5. 日本的汽车消费信贷模式主要有两种:一种是以专业汽车金融机构为信贷主体;另一种是以银行为信贷主体。　　　　　　　　　　　　　　　　　　　(　　)

三、简答题

1. 简述汽车消费信贷的概念。

2. 简述汽车消费信贷的特点。

 任务二　完成汽车消费信贷的操作流程

 任务情境

中秋节后，客户李先生经过商谈明确了购车意向，并由大众汽车 4S 店为其办理汽车消费信贷的相关手续，4S 店的汽车销售顾问将为他办理贷款购车的各项手续。请你作为销售顾问完成此次任务。

 学习目标

知识目标

了解汽车消费信贷的操作性流程和相关过程性文件的填写。

能力目标

能完成汽车消费信贷流程，熟悉岗位职责。

素养目标

通过为客户办理消费信贷业务流程，提高专业素质和能力，树立客户服务的理念。

 学习准备

一、汽车消费信贷各参与单位及其职责

汽车消费信贷工作的参与单位有汽车经销商、商业银行、保险公司、公证部门、汽车厂家、公安部门、咨询点等，各单位在汽车消费信贷工作中的职责如下。

视频：汽车消费信贷流程的介绍

（1）汽车经销商的职责：负责组织协调整个汽车消费信贷所关联的各个环节；负责车辆资源的组织、调配、保管和销售；负责对客户贷款购车的前期资格审查和贷款担保；负责汽车消费信贷的宣传，建立咨询网点及组织客源；负责售后跟踪服务及对违规客户提出处理。

（2）商业银行的职责：负责提供汽车消费信贷所需资金；负责贷款购车本息的核算；负责对贷款客户资格终审；负责监督、催促客户按期还款；负责汽车消费信贷的宣传。

（3）保险公司的职责：为客户所购车辆办理各类保险；为贷款购车客户按期还款做信用保险或保证保险；及时处理保险责任范围内的各项理赔。

（4）公证部门的职责：对客户提供文件资料的合法性及真伪进行鉴证；对运作过程中所有新起草合同协议从法律角度把关认定；对于客户签订的购车合同予以法律公证，并向客户讲明其利害关系。

（5）汽车厂家的职责：不间断地提供汽车分期付款资源支持；给经销商提供展示车、周转车的支持；给经销其产品的经销商提供广告商务支持；给销售达到一定批量

的经销商提供返还利润的支持；负责车辆的质量问题及售后维修服务。

（6）公安部门的职责：为有关客户提供有效证明文件；对骗贷事件进行侦破；尽快办理完成车辆入户的有关手续；做到车辆在车贷未付清前不能过户。

（7）咨询点的职责：发放宣传资料、扩大业务覆盖面；解答客户提出的有关购车的问题；整理客户资料；对购车客户进行初、复审查。

二、汽车消费信贷操作实务

（一）以银行为主体的汽车消费信贷操作实务

以商业银行为主要放贷机构的汽车消费信贷模式又被称为"直客"模式，即由购车人直接向商业银行贷款，用其所取得的贷款支付给汽车经销商，购买选定的汽车，购车人再按分期付款方式归还银行的贷款。

1. 主要业务流程

汽车消费贷款手续具体业务办理流程如图 3-1 所示（在顺序上各银行的要求可能略有不同）。

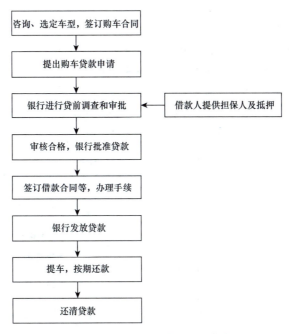

图 3-1　"直客"模式汽车消费信贷业务办理流程

（1）咨询、选定车型，签订购车合同。购车者首先要熟悉汽车消费信贷的有关事项，然后选择满意的汽车，并与汽车经销商协商好价格等，签订购车合同。

（2）提出购车贷款申请。购车者签订购车合同后，填写汽车消费贷款申请书、资信情况调查表，并连同个人情况的有关证明文件一并提交至贷款银行。

（3）银行进行贷前调查和审批。银行对用户进行调查，对满足放贷要求的，银行会及时通知借款人填写各种表格。

（4）审核合格，办理手续。通知借款人签订借款合同、担保合同、抵押合同，并办

理抵押登记和保险等手续。

(5)银行发放贷款。由银行直接划转资金到汽车经销商的指定账户中。

(6)提车，按期还款。借款人将首付款交给汽车经销商，并凭存折和银行开具的提车单办理提车手续；根据借款合同的规定支付贷款本息。

(7)还清贷款。还清贷款后在一定的期限内去相关部门办理抵押登记注销手续。

2. 购车须知

消费者一旦决定向银行申请贷款购买汽车，首先要做好咨询工作，也就是去银行咨询相关事宜，熟悉我国商业银行汽车消费信贷购车须知。

(1)我国商业银行关于汽车消费信贷中借款人的条件。我国商业银行对于办理汽车消费贷款的自然人所具备的条件要求大致相同，一般应符合以下条件。

①18周岁以上，具有完全民事行为能力的中国公民，原则上年龄不超过65周岁。

②具有本市常住户口或有效居住身份，有固定的住所。

③有稳定职业和固定收入，具有按期偿还贷款本息的能力。

④提供贷款人认可的财产抵押或有效权利质押或具有代偿能力的法人或第三方作为偿还贷款本息并承担连带责任的保证担保。

⑤遵纪守法，没有不良信用记录。

⑥持有与特约经销商签订的购车协议或购车合同。

⑦提供或在贷款银行存有不低于首期付款金额的购车款。

⑧愿意接受贷款银行规定的其他条件。

(2)我国商业银行关于汽车消费信贷购车应提供的资料。购车人在申请汽车消费贷款的过程中需要向银行提供的个人证件及资料见表3-4。

表3-4　贷款购车所需资料

角色	携带证件及资料
借款人	身份证原件和复印件
	户口本原件和复印件
	住房证明
	工资收入证明
	驾驶证
	停车泊位证明
	一寸照片（两张）
	结婚证和复印件
	贷款申请书
	购车协议或合同
	不低于首付款的存款凭证或首付款的收据原件和复印件
	贷款银行要求提供的其他资料

角色	携带证件及资料
共同购车人	身份证原件和复印件
	户口本原件和复印件
	住房证明
	工资收入证明
	与借款人的关系证明
担保人	身份证原件和复印件
	户口本原件和复印件
	住房证明
	工资收入证明

(3)贷款额度。以中国建设银行的贷款额度为例:

①根据2018年1月1日起实施的《汽车贷款管理办法》的规定,自用传统动力汽车贷款最高发放比例为80%,商用传统动力汽车贷款最高发放比例为70%;自用新能源汽车贷款最高发放比例为85%,商用新能源汽车贷款最高发放比例为75%;二手车贷款最高发放比例为70%。

按中国建设银行的个人信用评定办法达到A级以上的客户,可以将所购的自用车辆作抵押申请汽车贷款,传统动力汽车贷款额度最高为所购车辆销售款项的80%,新能源汽车贷款额度最高为所购车辆销售款项的85%。

②借款人以中国建设银行认可的国债、金融债券、国家重点建设债券、本行出具的个人存单进行质押的,贷款额度最高为质押凭证价值的90%。

③借款人以房屋、其他地上定着物或依法取得的国有土地使用权作抵押的,贷款额度最高为抵押物评估价值的70%。

④保险公司提供分期还款保证保险的,传统动力汽车贷款额度最高为所购车辆销售款项的80%,新能源汽车贷款额度最高为所购车辆销售款项的85%。

⑤提供第三方连带责任保证方式(银行、保险公司除外)的,按照中国建设银行的个人信用评定办法为借款人(或保证人)设定贷款额度,且贷款额度最高为汽车销售款项的80%(传统动力汽车)或85%(新能源汽车)。购买再交易车辆的,贷款额度最高为其评估价值的70%。

(4)贷款期限。所购车辆为自用车,最长贷款期限不超过5年;所购车辆为商用车,最长贷款期限不超过3年。

(5)贷款利率。贷款利率按照中国人民银行规定的同期贷款利率执行,并允许按照中国人民银行的规定实行上浮或下浮。

3. 主要操作性文件

"直客"模式汽车消费信贷的程序及操作性文件主要包括以下内容。

(1)签订购车合同。消费者在选定车型后,与汽车经销商签订购车合同书、同意书

及担保书。

①购车合同书，是购车人与汽车经销商签订的正式购销合同。本合同一式五份，购车人、汽车经销商（供车方）、贷款银行、保险公司、公证处各执一份，具有法律效力。

购车人向汽车经销商、贷款银行、保险公司、公证处分别提交购车合同书文件。

②同意书、购车合同书附件，是由共同购车人签署的具有法律效力的同意文书。

③担保书、购车合同书附件，是由担保人签署的具有法律效力的文书，此文件需公证处公证。

上述文件填写时，需注意：购车合同书由购车人本人签署；同意书由共同购车人本人签署；担保书由担保人本人签署，担保人情况表应如实填写。

（2）贷款申请手续。客户决定购车后，将同时填写购车申请表、资信调查表和银行汽车消费信贷申请书。

①购车申请表。决定购车客户分别向银行、汽车经销商提出申请贷款和购车，并分别向银行、汽车经销商、保险公司出具资信调查担保。由购车人填写，各项均应如实填写、真实可靠。

②资信调查表。目前，由银行、汽车经销商、保险公司联合推出的汽车消费买方信贷，资信审核将由三方共同负责，其中以汽车经销商上门初审为主，银行、保险公司依各自需要留备材料。

③银行汽车消费信贷申请书。银行汽车消费信贷申请书由银行制发，用于客户申请购车贷款，是客户向银行提出汽车消费信贷的正式申请书，内容均根据国家金融机构有关政策制定。

（3）银行批准。

①汽车消费信贷银行所需存档材料。

②个人消费贷款保证合同。此合同是汽车经销商为购车人提供贷款保证，与银行签订的合同。合同每项内容均需当事人签署。

③个人消费贷款借款合同。

④个人消费贷款审批表。

⑤委托付款授权书。授权书是银行制发的文件，用于购车人成为贷款银行贷款客户后，授权银行将其首付款及银行贷款支付给汽车经销商的文件。此授权书签署双方为贷款银行和购车人。

⑥委托收款通知书。通知书是银行制发的单据，当购车人的贷款申请被银行批准后，由汽车经销商通知银行将购车人贷得的款项存入汽车经销商的账户。

（4）取车手续。

①车辆验收交接单。客户获得车辆后的签收单，应提醒购车人核对单中内容正式签收。此单一式两联，用于客户选车和提车使用，一联客户留存，二联汽车经销商留存。由购车人本人或其委托人与供车方交接车辆。

②办理经济事务公证申请表。申请表是用于对购车合同书进行公证的申请。申请表每项内容均需当事人签署。

③车辆险投保单。车辆险投保单是保险公司制发的单据，用于客户所购车辆投保的车辆险、第三者责任险、盗抢险和不计免赔险。保单每项内容均需当事人签署。

④机动车辆分期付款售车信用保险投保单。投保单是保险公司制发的单据，用于客户在分期购车时投保的信用险。

（5）车辆出门证。车辆出门证是售车单位给购车人开具的车辆驶离售车单位大门的凭证。

（6）按月付款。在合同期内，贷款银行对借款人的收入状况、抵押物状况进行监督，对保证人的信誉和代偿能力进行监督，借款人和保证人应提供协助。

（二）以汽车经销商为主体的汽车消费信贷操作实务

以汽车经销商为主体的汽车消费信贷模式是指银行通过汽车经销商与汽车消费者形成的金融借贷关系，以销售商的消费者信用调查资料和信用管理为主导，并由汽车经销商向消费者提供金融服务的汽车消费信贷模式，又称为"间客"模式。

该模式的汽车信贷是由银行、保险公司、汽车经销商三方共同合作，由汽车经销商为购车者办理贷款手续，并负责对贷款购车者进行资信调查，以汽车经销商自身资产为客户承担连带责任保证，并代银行收缴贷款本息，从而让购车者可享受到汽车经销商提供的"一站式"汽车金融服务。由于汽车经销商在信贷流程中承担了一定风险并付出了一定的人力、物力，因此通常需要收取 2‰～4‰ 的管理费。"间客"模式汽车消费信贷业务的办理流程、承担部门及每一个步骤所需要的有关文件资料如图 3-2 所示。

1. 以汽车经销商为主体的汽车消费信贷业务流程

我国以汽车经销商为主体的汽车消费信贷业务，并没有统一确定的对贷款申请人的限制和贷款流程，其主要业务流程如下。

（1）客户咨询。客户咨询工作主要由咨询部负责，工作内容主要是了解客户的购车需求、协助客户选择车型、讲述购车常识，以及如何办理汽车消费信贷购车、报价、办理购车手续等。因为客户咨询工作是直接面向顾客的，所以礼貌待客、耐心解释、准确报价、用心服务是客户咨询员的基本要求。这一阶段需要提供的资料有八种，具体见图 3-2 中关联文件资料 1～8。

（2）客户决定购买。在客户咨询员的推荐与帮助下，客户选择了某种车型决定购买，此时咨询员应指导客户填写《消费信贷购车初、复审意见表》和《消费信贷购车申请表》，并上报审查部审批。

（3）复审。审查部应根据客户提供的个人资料、消费信贷购车申请、贷款担保等进行贷款资质审查工作，并根据审查结果填写《消费信贷购车资格审核调查表》等表格，还要对《消费信贷购车初、复审意见表》填写复审意见，再将相关资料报送给银行。

（4）与银行交换意见。这一阶段，一般是由审查部将经过复审的客户信息资料提交至贷款银行进行初审鉴定。

（5）交首付款。这一工作由财务部负责完成，财务部在收到客户的首期购车款后，应当开具收据，并为客户办理银行户头及信用卡。

（6）客户选定车型。客户确定车型后，由服务部根据选定的车型填写车辆验收交接

单，以备选车和提车时使用。

（7）签订购车合同书。客户选定车型后，由审查部准备好购车合同书的标准文件，并交予客户仔细阅读，在确定无异议之后，由双方共同签订合同书。

（8）公证、办理保险。办理公证和保险需要许多资料，程序相当复杂，各部门间还须相互配合，这一阶段需要提供的资料有六种，具体见图 3-2 中关联文件资料 15～20。这部分工作应由审查部和保险部共同完成。

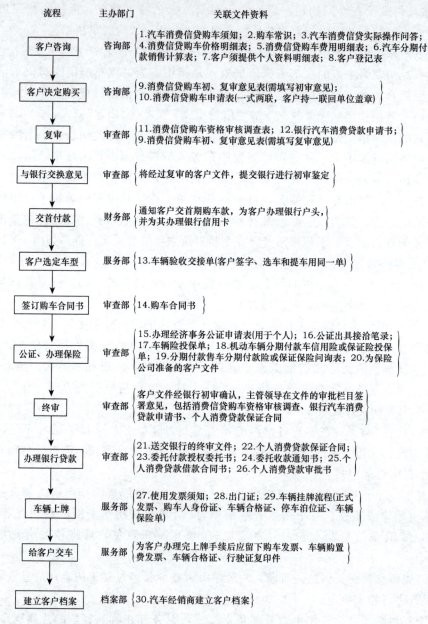

流程	主办部门	关联文件资料
客户咨询	咨询部	1.汽车消费信贷购车须知；2.购车常识；3.汽车消费信贷实际操作问答；4.消费信贷购车价格明细表；5.消费信贷购车费用明细表；6.汽车分期付款销售计算表；7.客户须提供个人资料明细表；8.客户登记表
客户决定购买	咨询部	9.消费信贷购车初、复审意见表(需填写初审意见)；10.消费信贷购车申请表(一式两联，客户持一联回单位盖章)
复审	审查部	11.消费信贷购车资格审核调查表；12.银行汽车消费贷款申请书；9.消费信贷购车初、复审意见表(需填写复审意见)
与银行交换意见	审查部	将经过复审的客户文件，提交银行进行初审鉴定
交首付款	财务部	通知客户交首期购车款，为客户办理银行户头，并为其办理银行信用卡
客户选定车型	服务部	13.车辆验收交接单(客户签字、选车和提车用同一单)
签订购车合同书	审查部	14.购车合同书
公证、办理保险	审查部	15.办理经济事务公证申请表(用于个人)；16.公证出具接洽笔录；17.车辆险投保单；18.机动车辆分期付款车信用险或保证险投保单；19.分期付款售车分期付款险或保证保险间询表；20.为保险公司准备的客户文件
终审	审查部	客户文件经银行初审确认，主管领导在文件的审批栏目签署意见，包括消费信贷购车资格审核调查、银行汽车消费贷款申请书、个人消费贷款保证合同
办理银行贷款	审查部	21.送交银行的终审文件；22.个人消费贷款保证合同；23.委托付款授权委托书；24.委托收款通知书；25.个人消费贷款借款合同书；26.个人消费贷款审批书
车辆上牌	服务部	27.使用发票须知；28.出门证；29.车辆挂牌流程(正式发票、购车人身份证、车辆合格证、停车泊位证、车辆保险单)
给客户交车	服务部	为客户办理完上牌手续后应留下购车发票、车辆购置费发票、车辆合格证、行驶证复印件
建立客户档案	档案部	30.汽车经销商建立客户档案

注：图中数字为操作性文件编号。

图 3-2 "间客"模式汽车消费信贷业务办理流程

(9)终审。审查部将客户文件报送银行进行初审确认，经鉴定合格的有关文件提交至主管部门领导并签署意见，具体见图3-2中关联文件资料。

(10)办理银行贷款。审查部受银行委托，为客户办理有关个人消费信贷借款手续，具体见图3-2中的关联文件资料21～26。

(11)车辆上牌。服务部携带购车发票、购车人身份证、车辆保险单等相关证明文件，到汽车管理机关替客户办理车辆上牌手续。

(12)给客户交车。服务部在代客户办理完成车辆上牌手续后，须保留购车发票、车辆购置费发票、车辆合格证和行驶证复印件，再向客户交车。

(13)建立客户档案。汽车经销商须建立完整的客户档案，以利于后续售后服务及贷款催讨等工作能顺利进行。

2. 银行审批程序

汽车经销商按照客户所提交的个人资料、消费信贷购车申请、贷款担保等进行贷款资质审核，并根据审查结果填写《消费信贷购车资格审核调查表》等，然后将相关文件报送银行汽车消费信贷的放贷机构。下面以银行为例介绍贷款审批程序，如图3-3所示。

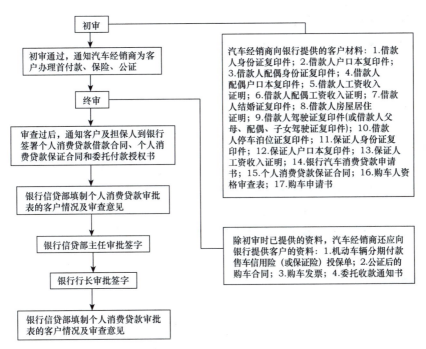

图3-3 汽车消费贷款银行审批程序流程图

3. 银行与汽车经销商的合作方式

(1)汽车经销商全程担保。即购车者贷款时，汽车经销商为购车者提供担保，承担风险。

(2)保险公司提供履约保险。即购车者贷款时，向保险公司投保履约保险。

(三)以汽车金融公司为主体的汽车消费信贷操作实务

以汽车金融公司为主体的汽车消费信贷模式主要是由非银行金融机构进行购买者的资信调查、分期付款服务。目前，国内的非银行金融机构一般是指汽车生产企业的财务公司。在该模式下，消费者采取抵押所购车辆的方式，从汽车金融公司贷款买车。汽车金融公司对消费者进行购车咨询、信用调查、提供担保、售车、贷款中期的信用追踪及售车后的全套服务，把汽车的生产、销售、消费及服务集为一体，从而真正实惠于消费群体。

汽车金融公司具体的个人汽车消费信贷业务流程如图3-4所示。

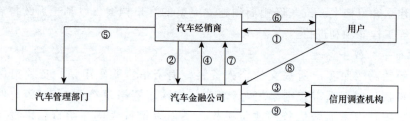

图3-4　汽车金融公司具体的个人汽车消费信贷业务流程

(1)消费者在汽车经销商处选定车型，填写贷款申请。

(2)汽车经销商将消费者贷款资料通过计算机传给汽车金融公司。

(3)汽车金融公司通过计算机联网向信用调查机构调取消费者的信用资料，并开展信用评估。

(4)汽车金融公司告知汽车经销商贷款审核情况，并授权汽车经销商与消费者签订融资合同。

(5)汽车经销商向政府汽车管理部门登记上牌。汽车金融公司为车辆的抵押权人，并显示在汽车管理部门出具给消费者的车辆所有权证明书上。

(6)汽车经销商交车给消费者。

(7)汽车金融公司收到汽车经销商的合同文件后，付款给汽车经销商。

(8)消费者根据合同具体内容分期付款给汽车金融公司。

(9)汽车金融公司将消费者的支付情况信息提交给信用调查机构。

一、明确任务

(1)根据学习任务，分小组学习汽车消费信贷操作性文件的种类、式样、用途、填写说明、注意事项。

(2)按照汽车消费信贷的工作流程及参与单位的职责，根据客户实际情况，小组内分工填写主要的汽车消费信贷操作性文件。

(3)各小组展示学习成果，并进行组内和组间的自评与互评，接受指导教师的评价反馈。

二、制订实施计划

(1)查阅学习资料，并利用计算机、网络等学习汽车消费信贷主要的操作性文件的种类、式样、用途、填写说明、填写注意事项等知识。在教师的引导下分组，以小组为单位学习相关知识，并填写表3-5。

表3-5　汽车消费信贷操作性文件说明

操作性文件	项目			
	填写责任人	文件说明	文件用途及操作	填写注意事项

(2)学生分别扮演购车客户、担保人，以及汽车经销商、银行、保险公司的经办员等角色，根据借款人的实际情况(客户李先生的个人信息及车辆详情可由授课教师指定或由各组学生自行设计)模拟填写本任务中的汽车消费信贷业务的主要操作性文件；在教师的引导下，以小组为单位学习相关技能，并完成下列任务。

①填写消费信贷购车初、复审意见表。
②填写汽车消费信贷购车申请表。
③填写消费信贷购车资格审核调查表。
④填写银行汽车消费贷款申请书。
⑤填写购车合同书即同意书、担保书。
⑥填写个人消费贷款保证合同。
⑦填写个人消费贷款借款合同。
⑧填写个人消费贷款审批表。
⑨汽车消费信贷操作性文件有哪些共性特点？在填写时有哪些注意事项？

评价反馈

教师设计考核评价表(表3-6)，小组之间开展自评与互评；教师对各组任务的完成情况予以评价和鼓励。

表3-6　考核评价表

序号	考核内容	分值	评分标准	自评	互评	师评
1	小组准备	10	小组分工明确、共同合作，有团队精神			
2	知识运用	30	运用所学的汽车消费信贷主要的操作性文件的分类、式样、用途、填写说明、填写注意事项等知识进行实地操作			

续表

序号	考核内容	分值	评分标准	自评	互评	师评
3	成果展示与任务报告	20	按照汽车消费信贷的工作流程及参与单位的职责，根据客户实际情况，小组内分工任务，并形成任务报告			
4	学习态度与课堂纪律	15	学习积极主动、态度认真、遵守教学秩序			
5	自主学习与动手能力	10	小组成员查阅学习资料，并利用计算机等信息设备，学习汽车消费信贷主要的操作性文件的种类、式样、用途、填写说明、填写注意事项等知识。根据借款人的实际情况模拟填写本任务中的汽车消费信贷业务的主要操作性文件			
6	基本素养	15	通过为客户办理消费信贷业务，培养学生作为汽车金融顾问的专业素质和为客户服务的理念和精神			
	总配分	100	总得分			
	综合评价					

巩固提升

一、单项选择题

1. 银行汽车贷款需要提供户口本、房产证等资料，通常（　　）。

A. 不需贷款购车者提供其他担保

B. 缴纳抵押费用

C. 还需以房产作抵押物

D. 只需有固定职业和住所、稳定的经济收入和还款能力即可

2. 贷款购车人是个体商户的，必须提供除个人有效身份证件外的个人的（　　）。

A. 营业执照 　　　　　　　　　　B. 房产证

C. 合法运营证明 　　　　　　　　D. 担保文件

3. 银行对借款人提交的申请资料调查、审批通过后，双方签订借款合同、（　　）合同。

A. 还款 　　　B. 担保 　　　C. 销售 　　　D. 保险

4. 汽车贷款时能提供（　　）认可的质押、抵押或第三方保证。

A. 贷款人 　　　B. 金融公司 　　　C. 银行 　　　D. 担保机构

5. 在进行汽车消费信贷借款人信用调查时，可以作为收入证明的有（   ）。

    A. 工资单   B. 租金分红

    C. 股权分红   D. 以上三个选项都正确

二、简答题

1. 简述汽车消费信贷银行终审所需材料。

2. 在填写汽车消费信贷操作性文件的过程中遇到了哪些困难？怎样克服的？采取了哪些办法？

三、操作题

绘制汽车消费信贷银行审批程序流程图。

汽车消费信贷操作性文件举例及说明

    客户办理汽车消费信贷购买汽车，现行制度比较复杂，所以手续繁杂，涉及的操作性文件有数十种。信贷经办人员应树立"用户第一""顾客至上""以人为本""全面满足客户需要"等先进服务理念，以客户满意度为服务导向。先进的服务理念绝不只是各种响亮的口号，而是应该转化到各种具体的服务工作当中。同时，信贷经办人员还必须熟悉本职业务，这是做好汽车消费信贷工作的基本条件。信贷经办人员必须掌握的主要的操作性文件及其式样介绍如下。

消费信贷购车初、复审意见表

    【说明】对已决定购车的客户，在初、复审时填写意见用；该表基本反映了购车人的全貌，即资信程度。

    【用途及操作】与"资信调查"相结合，用于审查服务。

    【填写注意事项】由多位审查人员在与购车人的多次交往中当面交流观察后形成有关意见，并共同填写该表(表3-7)。多位审查人员分别是经办人、复审人、主复审和终审人。

表 3-7 消费信贷购车初、复审意见表

姓名		性别		联系电话	
初步印象	1. 购车欲望：□强烈　□一般 2. 穿着打扮：□有品位　□整齐　□一般　□不协调　□差 3. 言谈举止：□文雅、大方、得体　□一般　□粗俗 4. 面相：□温和　□凶相				
询问内容	1. 有关车的知识：□丰富　□一般　□差 2. 购车用途：□上班　□工作、生产　□出租　□其他 3. 对分期付款的理解：□很好　□好　□一般　□差 4. 驾龄长短：　　　曾驾驶过的车型： 5. 能采用何种担保方式：□质押(质押物为何)　□抵押(抵押物为何)　□保证人(担保人条件如何)				

续表

初审意见	经办人：	部门经理签字	
复审意见	复审人： 主复审：	部门经理签字	
终审意见	终审人：	领导意见签字	
复审情况	1. 确认购车者家庭地址（小区名称、门牌号码等）、电话号码。 2. 观察小区整体环境。 3. 观察进屋时的环境，如楼房新旧程度，若是旧房，有无拆迁迹象；卫生状况、是否安装防盗门、门铃等。 4. 如果购车者所住为平房，应仔细观察房屋的维护情况、院落整洁程度和居住者的基本情况。 5. 房屋整体结构，如大致面积、有几室几厅、厨房和卫生间及阳台大小。 6. 房屋装修情况，如选用材料、装修风格、装修质量、是否为新近装修、装修费用（注意侧面询问）。 7. 家具、家电情况，如家具档次及新旧程度、家电的新旧程度及品牌、有无大件家电，如计算机、音响设备、家庭影院。 8. 居住情况，如居住人口数量、住房是否宽裕。 9. 屋内是否干净、整洁，应注意厨房、卫生间等地方。 10. 主要家庭成员是否在场，注意家庭气氛和每个人的谈吐及其表情，观察购车人是否为"家庭决策人"。 11. 注意观察隔壁屋的居住情况、邻里相处情况		
复审询问内容			

消费信贷购车申请表

【说明】在客户决定购车后，将同时填写购车申请表和资信调查表。

购车申请表（表3-8），一式两联，一联由客户回单位盖章，二联由汽车经销商消费信贷部门存留；内容均为本人的真实反映，并由申请人所在单位盖章认可。

【用途】购车客户向汽车经销商提出申请贷款购车；由汽车经销商协助办理相关手续。

【填写注意事项】由购车人填写，各项均应如实填写，真实可靠。

表 3-8　消费信贷购车申请表

编号

申请人姓名		性别		年龄		身份证号码	
户口所在地						邮政编码	
现居住地址						家庭电话	
所在地派出所						所在地居委会	
工作单位						单位电话	
职务、职称						学历	

个人月收入				家庭月收入	
手机号码				E-mail	
共同购车人		性别	年龄	身份证号码	
工作单位				单位电话	
职务、职称				个人月收入	
手机号码					
选车车型		汽车价格		贷款金额	
首付款		首付比例		还款期限	
发动机号		车架号		颜色	
申请人工作单位意见	申请人承诺意见	1. 以上表格内容为本人如实填写，真实可靠。 2. 同意在中国人民保险公司××市××区支公司办理车辆保险。 3. 保障履约按期连本带息如数偿还车欠款。 4. 未履约还款时，服从法院强制执行收回所购车辆。 购车申请人： 共同购车申请人： 年　　月　　日			

银行汽车消费贷款申请书

【说明】在客户决定购车后，将填写银行汽车消费贷款申请书。

银行汽车消费贷款申请书由银行制发，用于客户申请购车贷款；是客户向银行提出汽车消费贷款的正式申请书，内容均根据国家金融机构有关政策制订；申请书（表3-9）一式三联，一联由银行信贷部门留存，二联由保险公司留存，三联由汽车经销商消费信贷部门留存。

【用途】决定购车客户向银行提出申请购车贷款，并分别向银行、汽车经销商、保险公司出具资信调查担保。

【填写注意事项】购车人均应如实填写，且真实可靠。

表3-9　银行汽车消费贷款申请书

申请人姓名		年龄		出生年月		
身份证号码		家庭电话				
工作单位名称		部门			职务	
工作单位地址		工作单位电话			邮编	
户口所在地地址					邮编	
现居住地址		申请人月收入				

家庭人口数		家庭其他成员称谓				
配偶姓名		工作单位			月收入	
汽车品牌			汽车售价			
首付款			贷款金额			
贷款担保方式	住房抵押□ 质押□ 保证人□	自住住房 □	其他住房 □	住房评估价值		
		质押品名称		质押品价值		
		保证人名称				
家庭月平均收入合计		每月还款金额		占家庭收入比例		
共同申请人	本人作为购车人的配偶(或　　　),对关系存续期共同财产享有共同财产权,因此愿与购车人共同参与对银行欠款的偿还。倘若购车人与本人解除夫妻关系(或　关系),除非法院判决或其他具有法律效力的协议书明确规定该车辆所有权和债务的归属为购车人,否则不解除本人还款义务。 　　　　共同申请人签字(盖章): 　　　　　　　　　　　　　　　　　　　年　　月　　日					
借款人意见	申请人同意上述贷款担保方式,抵(质)押权人为　　银行　　支行,并保证抵(质)押权人为第一受益人,或接受贷款保证人对本人约定的条件。 　　　签名(盖章): 　　　　　　　　　　　　　　　　　　　年　　月　　日					

购车合同即同意书、担保书

【说明】本合同包含以下三个文件。

(1)《购车合同》是购车人与汽车经销商签订的正式购销合同。本合同一式五份,购车人、汽车经销商(供车方)、贷款银行、保险公司、公证处各执一份,具有法律效力。

(2)《同意书》为《购车合同》附件,是由共同购车人签署的具有法律效力的同意文书。

(3)《担保书》为《购车合同》附件,是由担保人签署的具有法律效力的文书,此文件需公证处公证。

【用途】购车人向汽车经销商、贷款银行、保险公司、公证处分别提交的购车合同。

【填写注意事项】《购车合同》由购车人本人签署;《同意书》由共同购车人本人签署;《担保书》由担保人本人签署,担保人情况一表应如实填写。

《购车合同》文本的一般形式与内容如下:

购车合同

(代担保合同)

签约地点:　　　　　　　　　签约时间:　　　　　　　　合同编号:

供车方（以下简称甲方）：

购车方（以下简称乙方）：

甲乙双方本着自愿的原则，经协商同意签订本协议，以资双方共同遵守执行。

第一条　甲方根据乙方的要求，同意将＿＿＿＿＿＿＿汽车壹辆；发动机号＿＿＿＿＿＿＿＿；车架号＿＿＿＿＿＿＿＿，计价人民币＿＿＿＿＿拾＿＿＿＿万＿＿＿＿千＿＿＿＿百＿＿＿＿拾＿＿＿＿元（￥＿＿＿＿＿＿），销售给乙方。

第二条　因资金短缺原因，乙方需向银行申请汽车消费信贷专项资金贷款，并请求甲方为其贷款的担保人。

第三条　乙方在签订此合同时，首先在银行开立个人存款账户、申办信用卡，并按不低于所购车辆总价的＿＿＿＿＿％的款项，计人民币＿＿＿＿＿＿＿万元存入该账户。剩余款项＿＿＿＿＿＿元向银行申请贷款，并按期向该银行归还贷款本息。

第四条　作为乙方贷款担保人，甲方接受银行委托，对乙方进行贷款购车的资信审查，乙方必须按甲方要求提供翔实证明资料配合甲方工作，并在贷款未偿清之前，必须在甲方指定的保险公司办妥所购车辆信用或保证保险以及贷款银行为第一受益人的车辆损失险、第三者责任险、车辆盗抢险、不计免赔险及其相关的附加险。在此前提下，乙方按甲方指定场所对所购车辆进行交接验收，并签署《车辆验收交接单》。

第五条　乙方在未付清车款及相关款项前，同意将所购车辆作为欠款的抵押担保物，此抵押物在乙方发生意外且无力偿还时，按最长不超过三折折旧比例作价给甲方。并将购车发票、合格证及车辆购置附加费凭证交甲方保存，期间不得将所购车辆转让、变卖、出租、重复抵押或做出其他损害甲方权益的行为。

第六条　在乙方提供停车泊位证明及其他入户所需证明条件下，甲方可协助乙方办理车辆的牌、证、保险手续，实际费用由乙方承担。

第七条　在三包期限内，乙方所购车辆如出现质量问题，自行到厂家特约维修服务中心进行交涉处理。此期间，乙方不得以此为借口停止或拖延支付每期应向银行偿还的欠款。

第八条　如乙方发生下列情况，按本合同第九条规定处理：

1. 乙方逾期还款，乙方经甲方二次书面催讨，在第二次催讨期限截止日仍不还款的（逾期5天后，即发出书面催讨，二次催讨间隔为7天，第二次催讨期限截止日为文书发出日第7天）。

2. 乙方借口车辆质量问题，拒不按期偿还欠款。

3. 发生乙方财产被申请执行，诉讼保全，被申请破产或其他方面原因致使乙方不能按期还款的。贷款未偿清之前，不在指定的保险公司办理本合同第四条所指各类车辆保险。

4. 其他情况乙方不能按期向银行还款。

5. 乙方违反本合同第五条的规定，未经甲方同意擅自将车辆转让、变卖、抵押。

第九条　乙方承诺，不论任何原因发生第八条的事由之一时：

1. 甲方有权要求乙方立即偿还全部贷款及利息，并承担赔偿责任；甲方有权持合同就乙方未偿还的全部欠款，向有管辖权限的人民法院申请强制执行。乙方自愿接受人民法院的强制执行。

2. 甲方有权按合同规定行使抵押权拍卖变卖乙方所购车辆，拍卖所得价款偿还全部债款和其他欠款。如果出售所得的价值（扣作必要费用外）不足偿还全部欠款和费用总和的，甲方有权向乙方继续追偿，如果出售所得超过欠款和费用总和的，甲方应将超过部分的欠款返还给乙方。

3. 甲方有权要求乙方除支付逾期款额的利息外，并按逾期总额的 5‰/日计付滞纳金。

第十条 在分期还款过程中，乙方所购车辆发生机动车辆保险责任范围内的灾害事故，致使车辆报废、灭失，保险公司赔款应保证首先偿还尚欠银行的贷款及利息部分。

第十一条 除车款外，乙方尚须向甲方交纳担保费，金额以借款额为期，随贷款年限一次性交付（一年 1‰；二年 2‰；三年 3‰）。乙方如提前还清车款，从还清日起，甲方自动终止担保人义务。

第十二条 乙方配偶或直系亲属，作为共同购车人，须就此合同内容签署同意书，作为本合同附件。

第十三条 乙方担保人自愿为乙方分期付款购置汽车担保，须就此合同的内容签署担保书，作为本合同附件。

第十四条 本合同按合同条款履行完毕时，合同即自行终止。

第十五条 本合同需经公证处公证后生效。

第十六条 本合同一式五份，甲、乙双方及贷款银行、保险公司、公证处各执一份。

附件 1：同意书

附件 2：担保书

供车方：   购车方：

法定代表人：   法定代表人：

附件 1：

同 意 书

致：××企业

鉴于_____（购车人）与贵单位于_____年_____月_____日签订《购车合同》购买一辆_____型号汽车一事，本人作为_____（购车人）的配偶（直系亲属），对其关系存续期间财产享有共同所有权，对债务也共同承担义务。为此，特向贵单位确认如下：

一、本人同意_____（购车人）将所购汽车抵押给贵单位，作为贷款购车所欠款的抵押担保物。

二、本人愿同购车人共同参与对银行欠款的偿还，直到对银行的欠款本息全偿还完毕。

三、（若共同购车人与购车人系夫妻关系）倘若购车人与本人解除夫妻关系，除非法院离婚判决书或调解书或经民政部门办理的离婚协议书中专门注明该车辆所有权和债务的归属为购车人，否则不解除本人还款义务。

四、本人已详细阅读过《购车合同》，充分理解合同经过公证后具有强制执行效力。

我同意放弃起诉权和抗辩权。

五、本同意书一经本人签字或盖章后即对本人具有法律约束力。

同意人（即购车人配偶）_____（签字盖章）

身份证号：_____

签署时间：_____年_____月_____日

附件2：

担　保　书

_____自愿作为汽车消费贷款购车人_____的担保人，承认并遵守以下条款：

一、当购车人未按期偿付欠款时，承担连带担保责任。

二、对由于购车人未按期偿付欠款而引起的一切相关损失及经济赔偿责任，承担连带担保责任。

三、在购车人所签署的《购车合同》终止前，不得自行退出担保人地位，或解除担保条款。

四、本人已详细阅读过《购车合同》，充分理解合同经公证后具有强制执行效力。我同意放弃起诉权和抗辩权。

五、本担保书一经本人签字盖章后即对本人具有法律约束力。担保人情况见表3-10。

表 3-10　担保人情况表

姓名		性别		身份证号	
户口所在地			家庭住址		
通信地址			邮政编码		
联系电话			手机		
工作单位			职务		
本人承诺上述情况均为事实。 　　　　　　　　　　　　　　　　　　担保人：　　　　　　（签字盖章） 　　　　　　　　　　　　　　　　　　签署时间：　　年　月　日					

汽车消费贷款业务银企合作协议书

【说明】银行和汽车经销商的合作，是通过双方之间签署的合作协议书来规范双方的行为、明确双方的权利和义务的。合作协议书的形式如下：

汽车消费贷款业务银企合作协议书

甲方：××银行

乙方：××公司

为促进汽车市场的稳健发展，甲、乙双方本着互惠互利、共同发展的原则，根据《中国人民银行汽车消费贷款管理办法》等规定，订立本协议。

（一）甲方提供汽车消费贷款的一般原则

1.甲方提供的汽车消费贷款仅指16座以下客车的个人汽车贷款，不含个人卡车、营运车辆、特种车辆、工程车辆、机械设备等贷款，不含抵押人为法人的车辆贷款。

2. 甲方为借款人提供的汽车消费贷款的额度，按 7 人座以下的国产小汽车贷款最高额不超过市场价(净车价)的 70%，7～16 人座的个人商务用车贷款最高额不超过市场价(净车价)的 60%，进口车贷款最高额不超过市场价(净车价)的 60%，以上贷款均不含牌照费、购置附加费等除净车价以外的费用。

3. 贷款利率按中国人民银行规定的同期同档利率上浮执行。

4. 贷款期限一般不超过三年。

5. 甲方提供的个人汽车消费贷款必须以所购车辆作抵押担保，在此基础上甲方根据借款人的资信情况可要求借款人增加房产抵押或存单质押方式或投保甲方认可的保证保险。

(二)甲方遵守并履行以下约定

1. 甲方负责调查、审查乙方推荐的汽车消费贷款借款人的资信情况、收入及信用记录等情况。

2. 甲方审查借款人提供的贷款担保。如甲方要求借款人增加存单质押方式，则甲方负责查验质押存单的真实性、有效性，并对其实施有效止付；如甲方要求借款人增加房产抵押方式，则甲方负责办理房产抵押登记手续，如借款人投保甲方认可的保证保险，甲方负责对保险公司的资信情况进行审核。

3. 甲方在借款人申请资料齐全、手续完备，符合甲方的借款人条件的情况下，应向乙方发出《消费贷款审核通知书》。

4. 甲方在收到乙方提交的购车全额发票、车辆合格证和行驶证复印件后与借款人签订借款合同，办理强制执行公证和投保甲方规定的保险手续。

5. 在办妥上述公证、保险手续后，应及时与借款人到市公安局车辆管理所办理车辆抵押登记手续，并在办妥抵押登记手续后，及时将贷款划转到乙方在甲方开立的企业账户内。

6. 甲方在放款前，如发现不利于甲方债权安全的情况，可与借款人解除借款合同，并及时通知乙方；在放款后，如遇乙方退、赔款给借款人，则乙方的退、赔款，应优先用于抵扣借款人未清偿的贷款本息，所余部分退还借款人。

7. 甲方为汽车消费贷款项下符合条件的借款人开立活期存折、信用卡、理财金账户等个人账户。

(三)乙方遵守并履行以下约定

1. 乙方向甲方推荐拟以分期付款方式购买汽车的个人客户，并为其提供购买汽车的售前、售中、售后的一揽子服务。

2. 乙方应在甲方处开立人民币基本账户或一般账户，用以办理贷款划付和资金结算。

3. 乙方在有关经营场所设置营销广告，介绍甲方开办汽车消费贷款业务特点、申请手续、贷款条件、开办此项业务的网点和有关事项，该营销广告涉及甲方贷款业务的内容应事先征得甲方同意后方可公开宣传。

4. 乙方为借款人提供贷款咨询，并指定专人受理借款人提出的汽车消费贷款申请，要求借款人当面填写有关借款资料和申请书，收齐甲方要求的借款申请资料。

5. 乙方收妥甲方要求的资料后应与借款人签订汽车消费贷款购车协议书，应及时向借款人收取首期付款，并出具加盖乙方公章的首付款收据一并交甲方审查。

6. 乙方在收到甲方发送的《消费贷款审核通知书》后，办妥购车、上牌等手续，同时将购车发票、车辆合格证和行驶证复印件等有关资料递交甲方，并配合甲方办理公证、保险、抵押等手续。

7. 乙方在收妥甲方划出的贷款后，应及时通知借款人提车。

8. 乙方对甲方未核准的贷款，应及时通知贷款申请人，并与借款人协商处理汽车消费贷款购车协议书的解除或履行工作，如解除购车协议，应及时清退首付款。

9. 乙方应保证所购车辆质量。对借款人提出的所购车辆质量问题妥善处理解决，如经有关管理部门认定为乙方责任时，乙方应承担由此影响借款人清偿汽车消费贷款本息的经济责任。

10. 乙方在借款人清偿贷款前，如发生退、赔部分或全部款项（包括但不限于首付款），应及时书面通知甲方，并以转账方式将款项划回甲方指定账户。

11. 乙方应定期地向甲方反馈销售、资金流向和回笼、偿债能力、担保情况以及汽车销售的政策、价格等信息。

12. 乙方应协助甲方做好贷款本息清收工作。如借款人不能按期清偿贷款本息时，应甲方和借款人要求，协助办理所购车辆转让、拍卖等手续，并将所购车辆变现后的钱款划转给甲方，待贷款本息清偿后，由甲方将余款退给借款人。

（四）违约责任

1. 乙方违反本协议规定，向借款人直接退、赔款，造成甲方损失的，应承担赔偿责任。

2. 对乙方所推荐借款人的贷款违约率发生较大幅度的提高；乙方的财务、管理等方面混乱，应收账款增加，甚至濒临破产等局面；乙方的法人代表或主要管理人员涉及政治、经济、法律纠纷，及出现其他可能影响乙方正常经营的情况，乙方应及时向甲方汇报，并配合甲方开展检查和采取措施。

3. 乙方如有欺诈、高抛车价以提高贷款额度、挪用客户的汽车消费贷款或虚假广告等行为，甲方将与乙方中止合作关系，并要求乙方承担相应的经济和法律责任。

4. 如因乙方原因造成甲方贷款风险的，应由乙方承担全额赔偿责任，包括借款逾期本金、利息、复利、罚息等，同时甲方有权取消乙方的合作资格。

（五）其他未尽事宜

1. 对本协议执行中出现的争议，甲、乙双方应友好协商解决。协商未果，可向甲方所在地法院起诉。

2. 甲、乙任何一方需更新协议条款的，应书面通知对方，经双方协商一致后，达成书面协议。在新协议未达成前，原协议继续有效。

3. 本协议一式两份，经甲、乙双方盖章签字后生效，有效期限一年。

甲方（盖章）：   乙方（盖章）：

授权签字人：   授权签字人：

　　年　　月　　日   　　年　　月　　日

个人消费贷款保证合同

【说明】此合同是汽车经销商为购车人提供贷款保证，与银行签订的合同。

【填写注意事项】合同每项内容均需当事人签署。

个人消费贷款保证合同

编号：

贷款人：××银行

地址：

保证人：

注册(户籍)地址：

营业(现住)地址：

基本存款账户行：　　　　　　　　账号：

一般存款账户开户行：　　　　　　账号：

鉴于贷款人向_____提供_____贷款，保证人承诺为借款人提供不可撤销的连带责任保证。经双方协调一致，签订本合同，以资共同遵照执行。

第一章　保证范围

一、本合同保证人的保证范围是指：编号为_____的《个人汽车消费贷款借款合同》项下的全部债务，包括但不限于贷款本息、罚息、赔偿金和全权人为实现全权所发生的相关费用。

二、保证期限：自贷款发放之日起，至_____。如借款人在此期间因_____(原因)造成违约拖欠贷款本息、罚息、赔偿金和相关费用，保证人须负责代为偿还。

三、在本合同有效期间内，贷款人依法将债权全部或部分转让给第三人的，保证人在本合同规定的保证范围内继续承担保证责任。

四、保证人承担保证责任后，有权向借款人追偿。

第二章　保证人陈述

五、保证人向贷款人陈述并保证：

(一)保证人是依法登记注册的企业法人，并通过工商行政管理部门规定的签约时仍有效的年检手续，或是有完全民事行为能力的自然人，具有签订和履行本合同的资格和能力。

(二)贷款人如要求保证人提供财务报表的，保证人提供的财务报表是根据我国会计准则编制的，该报表所附其他资料是真实完整的，自借款人提出借款申请以来，财务资信状况未发生重大不利变化。

(三)保证人签订和履行本合同，与其签订和履行其他任何合同均无抵触。

(四)保证人没有隐瞒其所涉的诉讼、仲裁、索赔事件和其会危及贷款人权益的事件。

六、在保证期限内，如借款人连续三个月未能偿还贷款本息，保证人在接到贷款人发出的《履行还款保证责任通知书》的一个月内，代借款人偿还欠款。

七、接受并配合贷款人对其保证资格、权限、资信状况和代偿能力的核查。

八、发生或可以预见发生下列情形之一的，保证人除主动采取补救措施外，还应及时通知贷款人。

（一）危及保证人的保证资格、权限、能力的事件。

（二）借款人危及贷款人权益的事件。

第三章　合同纠纷的处理

九、本合同履行期间如有争议，双方协商解决。协商不成的任何一方均有权向贷款人所在地人民法院起诉。

第四章　附则

十、《个人汽车消费贷款借款合同》为主合同，本合同为从合同，如主合同无效，不影响本合同的效力。

十一、本合同及其附件的任何修改、补充均须经双方协商一致并订立书面协议方可有效。

十二、本合同的公证事宜由双方另行协商。

十三、本合同自双方法定代表人或其授权代表签名并加盖公章后生效，至借款人或保证人履行完其借款合同项下全部义务之日终止。

十四、本合同正本一式三份，合同双方及借款人各执一份，副本按需确定。

贷款人：　　　　　　　　　　　　保证人：

（公章）　　　　　　　　　　　　（盖章）

法定代表人：（签名）　　　　　　法定代表人：（签名）

　　年　　月　　日　　签订于　　　　市　　　　区

个人消费贷款借款合同

【说明】此合同是消费者个人与贷款提供方（通常是银行）签订的合同。

其标准样式如下：

个人消费贷款借款合同

编号：

借款人

户籍地址：

现住地址：

身份证号码：

贷款人：××银行××支行

地址：

借款人在本市_____（售货单位）购买_____，向贷款人申请借款。根据《银行个人消费贷款试行办法》，贷款人经审核同意向借款人提供本合同项下贷款，经双方协商一致，签订本合同，以资共同遵照执行。

贷款金额及支付：

（一）贷款金额人民币（大写）_____元整。

（二）贷款支付的先决条件：借款人办妥贷款担保手续。

（三）借款人委托贷款人，在办妥全部贷款手续之日起的 5 个营业日内将上述贷款金额全数以借款人购买耐用消费品名义划入商品销售单位在银行开立的账户。

借款用途：

（四）借款专项用于《个人消费贷款申请书》（编号为_____）所载购买公司所售耐用消费品。

贷款期限：

（五）本合同项下贷款期限_____年_____月，自_____年_____月_____日起至_____年_____月_____日止。遇合同借款日期与借款凭证记载日期不一致的，以借款凭证载明的日期为准。

贷款利率：

（六）本合同贷款月利率现为_____‰。本合同约定利率执行期为_____年，期满后贷款人根据本合同约定的贷款期限和当时的利率水平确定下一年的利率。

贷款偿还：

（七）本合同项下的贷款本息，采取按月等额还款方式，分期（月）归还，借款人授权贷款人在贷款发生的次月起每月二十日从借款人在贷款银行开立的活期储蓄存款账户扣收，或由借款人在贷款发生的次月起每月二十日前到银行贷款发放行还款，直至所有贷款本息、费用清偿为止。

（八）现每月还款本息额人民币（大写）_____万_____仟_____佰_____拾_____元_____角_____分。本合同约定每月还款本息额执行期为一年，期满后根据贷款剩余本金、贷款剩余期限和当时的利率水平确定下一年的每月还款本息额。

提前还款：

（九）借款人可以提前还款：

1. 借款人提前归还未到期贷款本金的，应至少提前三个银行工作日书面通知贷款人，该书面通知送达贷款人处即为不可撤销。贷款人在该月××日至该月最后一个工作日内办理提前还款手续。

2. 借款人经贷款人同意可一次性提前归还全部积欠本金，利随本清。贷款人不计收提前期的利息，也不退还或减免按原合同利率已收取的贷款利息。

（十）有下列情况之一项或几项发生时，贷款人有权要求借款人提前归还全部贷款本息，借款人无条件放弃抗辩权：

1. 借款人违反本合同之任何责任条款。

2. 借款人发生因不能履行本合同义务之疾病、事故、死亡等和担保人发生因不能履行本合同义务之合并、重组、解散、破产等影响借款人、担保人完全民事行为能力与责任能力之情况。

3. 借款人或担保人涉及诉讼、监管等由国家行政或司法机关宣布的对其财产的没收及其处分权的限制，或存在该种情况发生的可能的预兆。

4. 借款人与耐用消费品销售单位发生退回全部商品之情况。

合同公证：

（十一）贷款人和借款人在本合同签订后，贷款人认为必要时，在贷款人指定的公证机关办理具有强制执行效力的借款合同公证，如借款人不履行还款义务，且累计三个月未能按期如数还款的，贷款人有权向有管辖权的人民法院申请强制执行，借款人自愿接受执行，于此情况下不再适用本合同第(九)条规定。

(十二)同时办理个人住房贷款和本贷款的公证费用由贷款人负担。

(十三)单独办理本贷款的公证费用由借款人负担。

违约责任：

(十四)借款人未按期偿还贷款本息的，贷款人对其欠款加收逾期罚息。

(十五)借款人连续三个月未偿还贷款本息和相关费用，并且担保人未代借款人履行偿还欠款义务的，贷款人有权终止借款合同，并向借款人、担保人追偿，或依法处分抵押(质)物。

(十六)借款人申请贷款时提供的资料不实或未经贷款人书面同意，擅自将抵押(质)物出售、出租、出借、转让、交换、赠予、再抵押或以其他方式处置抵押(质)物的，均属违约，贷款人有权提前收回贷款本息或处置抵押(质)物，并有权向借款人或担保人追索由此造成的损失和发生的相关费用。

(十七)与耐用消费品销售单位因质量原因发生纠纷时，不得以此为理由拖延或不归还贷款本息。

合同纠纷的处理：

(十八)本合同履行期间如有争议，双方先协商解决。协商不成的，应向贷款人所在地的人民法院提起诉讼。

附则：

(十九)本合同及其附件的任何修改、补充均须经双方协商一致并订立书面协议方为有效。

(二十)本合同经贷款人法定代表人或其授权代表签名并加盖公章、借款人签名并加盖私章后与贷款担保合同一并生效，至借款人将本合同项下全部应付款项清偿时终止。

(二十一)下列附件均为本合同的组成部分，对合同双方均有同等法律约束力：

1. 个人消费贷款申请书；

2. 借、还款凭证；

3.《个人消费贷款抵押合同》《个人消费贷款质押合同》《个人消费贷款保证合同》；

4. 抵(质)押财产清单。

(二十二)本合同正本一式五份，合同双方及抵(质)押登记机关、担保人、公证机关各执一份，副本按需确定。

借款人：   贷款人：

年   月   日   年   月   日

个人消费贷款审批表

个人消费贷款审批表见表3-11。

表3-11　个人消费贷款审批表

编号

申请人姓名		性别		年龄		出生年月	
身份证号码				家庭电话			

工作单位名称			部门		职务	
工作单位地址			单位电话		邮编	
户口所在地址					邮编	
现居住地址			申请人月收入		元	
家庭人口数			家庭其他成员称谓			
配偶姓名			工作单位		月收入	元

拟购商品情况	出售单位名称	
	出售单位地址	
	销售柜台	
	商品名称、数量及价款	
	申请书编号	商品总价款

是否申请本行住房贷款	是□ 否□	目前个人住房贷款金额	
申请住房商业性贷款金额		申请住房公积金贷款金额	
个人住房商业性贷款期限		个人住房公积金贷款期限	
家庭其他负债情况			
申请耐用消费品贷款金额		申请耐用消费品贷款期限	

贷款担保方式	住房抵押□	自用住房□其他住房□	住房评估价值	
	质押□	质押物名称	质押物价值	
	保证□	保证人名称		
月平均收入合计		每月还款占家庭收入比例		

贷款情况和意见:

调查人:

审查意见:

信贷部主管:

审查意见:

主管行长:

签批人意见:

签批人:

年　月　日

任务三　分析汽车消费信贷的案例

任务情境

汽车4S店来了三位客户，他们的情况都不相同，作为销售顾问根据各自的买车需求为他们推荐合适的购车方案。

案例信息一

客户郑先生来店看中宝马530Li，销售顾问报价478 900元，客户在广州做生意，此次打算全款购车，销售顾问以贷款购车可以车价优惠为由推荐贷款，客户想简单了解，但兴趣不是很大。

与客户沟通后了解到的信息：

(1)客户的宾馆经营五年了，年收入50万元，资金都是走公司的账户。手里大概有150万元流动资金，对在店里办理贷款不太信任，也觉得自己资金充足，没必要贷款，从来没有贷过款，也担心贷款手续麻烦。

(2)客户名下有一套房产，全款购买无房贷。

(3)客户打算新开一家宾馆，前期房屋租金及装修花费大概100万元。

(4)车辆打算落在公司名下。

案例信息二

周女士，32岁，律师事务所合伙人，开一台高尔夫来店，购买奥迪A6(店内无现货)，销售顾问报价480 000元，客户打算全款购买，不希望贷款，觉得贷款手续麻烦。

与客户沟通了解到的信息：

(1)客户年收入30万左右，目前手里的资金刚好够换车，不希望贷款。

(2)客户的房产是从其亲戚手里买的，还未过户。

(3)客户有一个女儿，即将上幼儿园。

(4)客户在两年前曾办理过车贷，手续麻烦，还交了额外的费用。

(5)之前的车贷还款状况良好。

案例信息三

段女士，35岁，和丈夫、儿子一起来店看凯美瑞，销售顾问报价300 000元，客户打算贷款，但也在外面银行做对比，觉得利率较高。

与客户沟通了解到的信息：

(1)客户月收入7 000元，夫妻两人同一单位，丈夫月入8 000元，两人每人年终奖大概2万元。

(2)两人名下有一套房产，房贷50万元，月还3 000多元，儿子上小学，平时开销比较大，存款不多。

(3)希望首付越低越好，月还不要超过5 000元。

知识目标

掌握各种客户沟通的话术，了解消费信贷金融方案优缺点。

能力目标

具备与客户沟通的能力，会根据客户真实需求处理客户异议。

素养目标

具备很好地与客户沟通交流的素养，识别客户贷款购车的真实需求，树立专业服务的理念。

完善的金融销售流程是汽车销售企业重要的利润保障。汽车销售的成交最终是由金融保险经理来签字确认的。下面介绍金融销售的流程(图 3-5)。

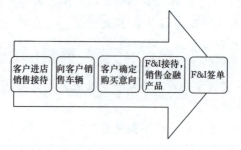

图 3-5　金融销售流程

一、激发兴趣

当客户询问价格时，销售顾问立即告知两个价格。如这台车的价格是 30 万元，当然付 6 万元也可以把车开走。

若客户产生兴趣，应继续介绍车辆。在得到客户承诺时，高调地推荐金融经理。

二、异议处理

当客户咨询价格，销售顾问告知两种报价后，若客户对贷款产生异议，准备全款购车时，怎样面对不同类型的客户，并说服其从全款变为贷款。

(1)近期换车客户。

异议处理话术：车子并不算一种升值商品，您身上的现款可以留作可能上升的投入，如购置住宅、申购基金、买入股市等，而这种投资回报率往往要比所付出的借贷利息高，从长期角度来看是比较划算的；另外，您现在打算换车，原来的车可以直接二手车置换，置换的费用可以直接充当首付，这样不用掏一分钱就可以拥有心仪的车子了。

(2)携一家老小的中年客户。

异议处理话术：您真的很有眼光，这是旗舰车型，很适合家庭使用。但现在物价水平也挺高的，日常家庭开支也不少，另外现在孩子的教育、培训和家庭的医疗等都是不少的开支。所以建议您还是备一些现金用于日常支配，以备不时之需。

（3）私营企业主。

异议处理话术：车子是一种很贵重的消费品，一般很多企业家都会倾向于贷款购车，因为贷款购车并不会消耗大量的流动资金。如果手中拥有更充裕的资金，再把它投资于业务发展中，将产生更多的利润。因此，对私营企业主而言，分期付款购车比较划算。因为这样就可以用别人（金融公司）的资金来发展您的企业，最大限度地利用了手头的流动资金。

（4）普通职业，收入稳定。

异议处理话术：如果您分期付款，开始只需付一小部分首付，剩下的资金可以在几年内做很多有用的事情，包括房地产投资、旅游和孩子的教育等。这样不仅不影响正常生活，还能大大提高生活品质。所以建议分期付款，这样才能留出一些流动资金去进行合理的长期投资，得到的利润会更大，而且现在分期不需要固定资产或有价证券作抵押，只要填写申请表就可以了，非常简单的。

（5）贷款手续麻烦、费时间。

异议处理话术：您的眼光真的很不错，这是店内最畅销的车型，经常缺货的。建议您采用分期方式，只需要递交一个申请表就可以了，非常简单的。如果一切都顺利的话，从办理到审批只需几天就够了。建议今天订车，并将申报表填好，等着车子到了，分期也刚好批下来了，不会耽误您的计划。

（6）贷款利率高不划算。

异议处理话术：避免直接回复客户。告诉客户，先到计算机系统上帮忙核算具体的利息。离开一段时间，首先减少与客户意见的正面反驳，然后回来详细计算贷款期间的利息，并计算每月总付款和利息金额，向客户说明最终的结果。

利息是按照首付款比率的多少及贷款年限长短来确定的，首付款比例越高，则贷款年限越短，利息也就越少。可以按照您现在的实际状况来提出最适合您的选择。最关键的是只要支付了购车款的部分钱，就可以把车开走，而剩下的现金，如果拿去进行合理的投资，回报收益肯定会比贷款的利息高。

（7）贷款期限长、利息高。

异议处理话术：客户提出贷款期限长、利息高的质疑，可以解释贷款期限长时利息是有点多，但更重要的是您每月支付的金额也会因还款时间长而减少很多。

另外，您也知道现在钱是越来越不值钱，现在您每个月分期只要××元的月供，贷款期为5年，第五年的月供还是××元，但××元由于通货膨胀的关系，根本就不值××元了。相对来讲，您所支付的月供是越来越少的。

三、了解资质

了解资质是金融销售中的重点。关键话术如下：

（1）为了您融资办得顺利，现在问您几个问题可以吗？

（2）我们讨论的内容有可能触及您的隐私，但您放心，我们肯定会保护好您的个人信息。

身份类：婚姻状态；家人是否本地居住。

居住类：居住和工作都在本地且1~2年以上。

工作类：是自己的公司还是职员。

收入类：月平均收入大于负债。

车辆用途：公用还是私用；用车人；还款人。

四、推荐方案

了解了客户的资质，应该向客户推荐方案，那么如何向客户推荐方案？

结合客户实际情况（预算＋资金安排），推荐合适的方案。

金融销售的关键：提供解决方案。

金融解决方案的关键：稳定的现金流。

通过"首付、月供、贷款期限、利率、尾款的贷款产品五要素"来推荐方案，给予客户两种或三种选择。

昂科威20T前驱技术型汽车金融方案示例见表3-12。

表3-12　昂科威20T前驱技术型汽车金融方案示例

车型	官方指导价/元	套餐名称	首付比例	贷款车型	尾款比例	月供/元
昂科威20T前驱技术型	209 900	无忧智慧套餐	50%	1	50%	1 067
		灵动智慧套餐A	25%	2	25%	5 484
		灵动智慧套餐B	25%	3	20%	4 273
		易享安稳套餐A	30%	3	0%	4 874
		易享安稳套餐B	40%	3	0%	4 177
		易享安稳套餐C	30%	5	0%	3 290
		轻松易购套餐	20%	5	0%	3 760

促进订单：在金融销售过程中，至少两次劝说客户订车是销售利益的保证。

五、告知资料

在了解全部信息后，告知客户需准备的资料，以帮助客户找出"亮点"。

话术：以我的经验，我建议您……

（提交……资料；提供共同申请人/担保人）

以我的经验，您这样做会对审批有很大的帮助。

（一）告知资料——身份、用途类

（1）您是增购还是换购？这车是公用还是私用呢？

解析：了解客户的车辆拥有情况——提供驾照。

（2）平时谁开？谁还？

解析：了解谁还款主要是涉及提供共同申请人。

了解客户的身份、用途类信息，如图3-6所示。

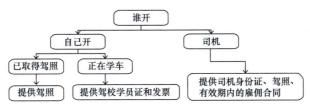

图 3-6 了解客户的身份、用途类信息

(二)告知资料——居住类

(1)您和您家人现在居住在本地吗？……那您在本地居住多长时间了？

解析：询问客户是否已婚或家人是否也居住在本地，可以在需要时请客户提供共同申请人，共同申请人可以为打分卡增加分数，也可以提高通过率。

(2)您现在住在什么地方？那房子是您自己的吗？

(3)房子是全款买的吗/是租房吗？

了解客户的居住类信息，如图 3-7 所示。

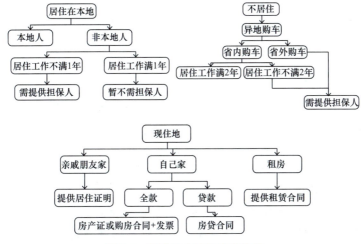

图 3-7 了解客户的居住类信息

(三)告知材料——收入、工作类信息

了解客户的收入、工作类信息，如图 3-8 所示。

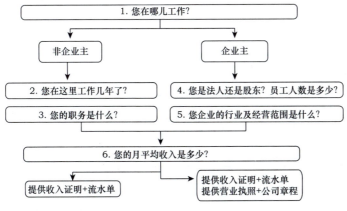

图 3-8 了解客户的收入、工作类信息

（1）您是否有其他贷款？剩余金额是多少？

解析：了解客户负债情况，假如客户的收入无法覆盖负债，请客户准备超过负债的资产类证明。如房产证＋购房发票等。

（2）您贷款的月供是多少？有过忘记还的情况吗？

解析：了解客户其他贷款的月供，判断客户的流水单月收入是否足够，如果不够，请客户补对账单；了解客户还款情况，以了解客户的信用记录。递交申请。

注意：告知客户金融公司会在接下来的2～3天内联系客户核实相关情况，问您的问题和我问的差不多，请如实回答。

一、明确任务

（1）根据学习任务，分小组学习汽车消费信贷及金融销售流程的知识。

（2）各小组以三个案例信息资料为依托，各选一个案例作为分析对象，分角色扮演模拟汽车消费信贷工作情境，展示学习成果，并进行组内和组间的自评与互评，接受指导教师的评价反馈。

二、制订实施计划

（1）小组成员查阅学习资料，并利用计算机、网络学习汽车消费信贷案例。在教师的引导下分组，以小组为单位学习相关知识，并完成下列任务。

（2）教师给每组分发客户案例背景信息（意向车型），小组内就案例信息进行讨论分析，并结合金融产品的特点，向客户推荐适合的产品并告知客户办理贷款所需的资料，帮助客户完成整个贷款流程。

（3）小组讨论分析后，教师将随机抽取一名学生扮演销售顾问，另一名学生扮演金融专员，由教师扮演客户完成整个贷款流程。其他同学观察金融专员的表现，记录整个过程中的闪光点和需要改进的部分。教师在学生任务实施过程中，记录各组学生知识运用、成果展示和能力素养的表现，在必要时加以引导和支持。

教师设计考核评价表（表3-13），小组之间开展自评与互评；教师对各组任务的完成情况予以评价和鼓励。

表 3-13　考核评价表

序号	考核内容	分值	评分标准	自评	互评	师评
1	小组准备	10	小组分工明确、共同合作，有团队精神			

序号	考核内容	分值	评分标准	自评	互评	师评
2	知识运用	30	运用各种客户沟通话术，与客户进行交流，并能够进行信贷金融方案优缺点的分析			
3	成果展示与任务报告	20	根据教师所给案例，各小组选择其一，分角色扮演模拟汽车消费信贷工作情境，与顾客进行交流，识别顾客需求，完成贷款购车业务，展示学习成果			
4	学习态度与课堂纪律	15	学习积极主动、态度认真、遵守教学秩序			
5	自主学习与动手能力	10	教师给每组分发客户案例背景信息（意向车型），小组内就案例信息进行主动讨论分析，并结合金融产品特点，向客户推荐适合的产品并告知客户办理贷款所需的资料，帮助客户完成整个贷款流程			
6	基本素养	15	能主动学习与客户沟通交流的方式，识别客户贷款购车的真实需求，培养职业的敏锐性			
	总配分	100	总得分			
	综合评价					

思考题：

回顾综合演练，思考金融顾问为保证整个消费信贷过程的顺畅完成，应做到哪些？

模块三 汽车消费信贷的流程

089

模块四
汽车保险的购买与理赔

模块简介

    选购汽车之后，我国规定每年需要为所购车辆购买保险，保证车辆在一年的行驶过程中出现的各种问题，由保险公司提供理赔服务，为购车车主排忧解难，汽车保险服务属于汽车金融服务的一种。

任务一 完成汽车保险承保业务

任务情境

    余帅是××保险公司的汽车保险业务员，国庆节后他接待了一位要求为其新购置的福特蒙迪欧 2020 款汽车办理保险的客户王先生。由于是第一次购车，王先生希望余帅能为他详细介绍汽车保险的基本情况，推荐合适的保险方案，经过业务咨询，最后余帅为他办理车险手续，假如你是余帅，将如何完成此次任务？

学习目标

    知识目标

掌握汽车各险种的投保及核保的业务流程。

    能力目标

能为客户准确介绍汽车各险种的保险责任和承保内容，能根据客户需求为其提供合理的保险方案并办理相关手续。

    素养目标

增强风险意识，提高保险服务的专业技能，树立为客户服务的理念。

学习准备

一、汽车保险的概念

汽车保险属于财产保险的一类，它是以汽车本身及其机动车辆的第三者责任险为保险标的的一类运输工具保险。它可以保证汽车保险的被保险人和交通事故受害者在机动车辆发生保险责任事故，造成车辆本身损失及第三者人身伤亡和财产损坏或损失时得到经济补偿，最大限度地降低所带来的经济损失。

动画：什么是保险？

对保险人而言，保险公司设置车辆保险的目的有两个：一是使各种车辆在遭受保险责任范围内的灾害事故损失时能够获得一定的经济补偿；二是有效保护车祸受害者的利益。也就是说，车辆保险不仅能够保障车辆本身，而且能为车主或其允许的人，在使用车辆过程中，给他人造成的损害依法承担的民事赔偿责任提供保险保障。

二、汽车保险的种类

（一）机动车交通事故责任强制保险

机动车交通事故责任强制保险也称为交强险。这是国家规定车主应当强制性购买的险种，机动车购买交强险后方可正常通行，如未能依法购买交强险，交通管理部门将有权扣留机动车，并处以应缴纳的保险费的两倍罚款。交强险的主要内容如下：

（1）该强制性保险只承保除机动车上的人员和被保险人之外的第三人所遭受的损害。

（2）机动车交通事故责任强制保险涉及全国 2 亿多辆机动车，保障全国十几亿道路和非道路通行者的生命财产安全。机动车交通事故责任强制保险保障的对象是被保险机动车致害的交通事故受害人，但不包括被保险机动车本车人员和被保险人。

（3）第三人所遭受的损害包括人身伤害和财产损失，不包括精神损害。

（4）该强制性保险有一定的责任限额，保险人只在该限额内承担支付保险金的责任。

（二）汽车商业保险

中国交通事故责任强制保险主要实行限额保险制，在强制险以外，还有汽车商业保险。常见的汽车商业保险包括基本险和附加险。

模块四 汽车保险的购买与理赔

基本险：基本险也称主险，主要有车辆损失险和第三者责任险，有的保险公司把车上人员责任险（车上座位险）也列入基本险。

附加险：附加险是指附加在主险之外的保险，是对主险险种的补充，它承保的一般是主险险种不予承保的自然灾害或意外事故，附加险不能单独承保，必须投保相应的险种之后才能承保。

在2021年汽车保险改革后，商业车险保险责任更加全面，车损险的主险条款在现有保险责任基础上，新增加了机动车全车盗抢、汽车玻璃单独碎裂、自燃、发动机涉水、不计免赔率以及无法找到第三方特约等保险责任，新版汽车保险的种类见表4-1。

表4-1　我国汽车保险的种类（2021年）

强制汽车保险	机动车交通事故责任强制保险		
非强制 商业汽车保险	主险	车辆损失险	2021年车险改革后包括全车盗抢险、自燃损失险、发动机涉水险、玻璃单独破碎险、不计免赔特约险、无法找到第三方特约险等保险责任
		第三者责任险	
		车上人员责任险 （车上座位险）	
	附加险	法定节假日限额翻倍险、医保外医疗责任险、车身划痕损失险、车辆停驶损失险、车载货物掉落责任险、可选免赔额特约险。发动机进水损坏除外特约条款、新增加设备损失险、无过失责任险、机动车增值服务特约条款、车轮单独损失险、精神损害附加责任险		

1. 主险

（1）车辆损失险。

1）车辆损失险的定义。机动车损失保险又称为车辆损失险，简称车损险。其是保险人对于被保险人承保的汽车，因保险责任范围内的事故所致（自然灾害和意外事故）的毁损予以赔偿的保险。在2021年车险改革后，全车盗抢险、玻璃单独破碎险、发动机涉水险、不计免赔特约险、自燃损失险、无法找到第三方特约险等险种都并入车损险中。

①全车盗抢险。全车盗抢险是负责承保机动车因被偷盗、被抢劫、被抢夺导致车辆的所有损失，以及被偷盗、被抢劫期间因机动车受损及车上零部件、附属设备丢失所造成损失的赔偿责任。

②自燃损失险。自燃损失险负责赔偿保险车辆因本车电器、线路、供油系统等出现重大故障以及因运载货物自身原因起火燃烧后导致保险车辆的重大损失。

③涉水险。涉水险是一种新衍生的车险险种，这个险种主要是指车主为发动机购

买的附加险。它的重要功能是保障车辆在积水路面涉水行驶或被水淹后，导致的汽车发动机损坏问题，可给予赔偿。

④玻璃单独破碎险。玻璃单独破碎险是指承保车辆在停放或使用过程中，其他部分没有损坏，仅风窗玻璃和车窗玻璃单独破碎，保险公司负责赔偿的赔偿责任。

⑤不计免赔特约险。根据保险条款规定，在通常情形下，车辆损失险和第三者责任险在保险责任范围内发生保险事故，每次保险事故与赔偿计算履行按责免赔的原则，车主须按事故责任大小承担一定比例的损失（称为免赔额）。

⑥无法找到第三方特约险。无法找到第三方特约险的保障范围是被保险机动车损失应当由第三方负责赔偿，但因无法找到第三方而增加的由被保险人自行承担的免赔金额，被保险人负责赔偿。

2）车辆损失险的分类。车辆损失险按客户种类和车辆用途可分为家庭自用汽车、非营业用汽车损失保险条款、营业用汽车损失保险条款。

（2）第三者责任险。机动车第三者责任险简称三者险，是指被保险人或其允许的合格驾驶员，在使用保险汽车过程中发生意外事故，致使第三者遭受人身伤亡或财产的直接损毁，依法应当由被保险人支付的赔偿金额，保险人依法给予赔偿的一种保险。

视频：汽车保险的种类与内容

（3）车上人员责任险（车上座位险）。车上人员责任险是指发生意外事故，造成保险车辆上人员的人身伤亡，依法应由被保险人承担的经济赔偿责任，保险人负责赔偿。

2. 附加险

（1）法定节假日限额翻倍险。在节假日（包括双休日）期间，第三者责任险的保障额度可以翻倍。

（2）医保外医疗责任险。在第三者责任险、车上人员责任险的保障内容中，保险公司不会赔偿医保目录外的费用。医保外医疗责任险则是指该保险中医保外的费用也可以由保险公司承担。

（3）车身划痕损失险。车身划痕损失险是指对无明显碰撞痕迹的车身划痕损失，由保险人负责赔偿。

（4）车辆停驶损失险。车辆停驶损失险负责赔偿保险车辆发生保险事故，因停驶产生的损失，保险人在双方约定的修复时间内按保险单约定的日赔偿金额乘以从送修之日起至修复竣工之日止的实际天数计算赔偿。

（5）车载货物掉落责任险。车载货物掉落导致他物受损，该责任属于车载货物掉落责任险范畴，即对车载货物从车上掉下来造成第三者遭受人身伤亡或财产的直接损毁而产生的赔偿责任。

（6）可选免赔额特约险。被保险机动车发生机动车损失保险合同约定的保险事故，保险人在按照机动车损失保险合同的约定计算赔款后，扣减本特约条款约定的免赔额。

根据2021年的车险新规，不计免赔险已经捆绑到车损险上。因此，若客户购买绝对免赔率特约条款，保险公司赔付时就可以免去5%、10%等一定比例费用。相应地，客户的主险保费也会下降。

(7)发动机进水损坏除外特约条款。与绝对免赔率特约条款的附加险同理，该条款可抵消新版车损险中的发动机涉水险，降低客户的车险保费。但如果购买了此险，发动机因为进水导致的直接损坏，保险公司不负赔偿责任。

(8)新增加设备损失险。新增加设备损失险负责赔偿车辆发生保险事故时，造成车上新增设备的直接损失。未投保本险种，新增加的设备的损失，保险公司不负赔偿责任。

(9)无过失责任险。无过失责任险是指机动车辆与非机动车辆、行人发生交通事故，并导致对方人受伤、经济损失时，尽管所投保车辆并无损失，但根据《道路交通事故处理办法》第四十四条的规定，仍应由被保险人承担10％的经济补偿。

(10)机动车增值服务特约条款。此附加险包括四项增值服务，客户可以全买，或者只买其中几项。

道路救援：拖车吊车、送油、换轮胎等服务。车辆安全检测：发动机、变速器、转向系统、底盘、轮胎等10项检测。代为驾驶：可提供单程30 km内的短途代驾。代为送检：当需要安全技术检验时，保险公司可以代为进行车辆送检。

(11)车轮单独损失险。在开车过程中，因为灾害、事故导致车辆只有车轮单独损失时，保险公司负赔偿责任。

(12)精神损害附加责任险。当事故中有第三方或车上人员伤亡时，受害方提出的精神损害赔偿，可以由保险公司承担。

(三)汽车保险承保实务

承保实质上是保险双方订立合同的过程，是指保险人在投保人提出投保请求时，经审核其投保内容，同意接受其投保申请，并负责按照有关保险条款承担保险责任的过程。一般先由从事展业的人员为客户制订保险方案，客户提出投保申请，经保险公司核保后，双方共同订立保险单。

承保流程主要包括展业、投保、核保、缮制与签发单证、续保、批改、退保、保险单证的管理。

1. 展业

保险展业是保险公司进行市场营销的过程，即向客户提供保险商品的服务。展业人员可以是保险公司员工，也可以是中介机构的代理人或经纪人。展业人员应具备政策观念和法治观念强、熟悉业务、博学多识等业务素质。

通常汽车保险展业主要有以下几个环节。

(1)准备工作。业务人员进行展业活动前，必须做好各项准备。

①相关知识。条款、条款解释、费率规章、投保单填写要求。

②车辆情况。了解企业车辆数量、车辆类型和使用情况、汽车状况、驾驶人员素质、主要货运对象(物流/人力)、公司车辆管理部门等。

③以往投保情况。其包含了承保企业、所投保险公司险种、投保数额、保险期限和赔付率等具体情况。

④当地情况。当地汽车事故情况、管理规范等。

(2)保险宣传。保险宣传对于保险业务的顺利展开和增强国民的保险意识具有重要的作用，保险宣传的方式多种多样，如广告宣传、召开座谈会、电台和报刊播放或登载保险知识、系列讲座、印发宣传材料等。

(3)保险方案。由于投保人所面临的风险概率、风险程度不同，因此对保险的需求也各不相同，这需要展业人员为投保人设计最佳的投保方案。提供完善的保险方案也是保险人加大保险产品内涵、提高保险公司服务水平的重要标志。

2. 投保

投保是指投保人向保险人表达缔结保险合同的意愿。因为保险合同的要约一般要求为书面形式，所以汽车保险的投保需要填写投保单。

(1)投保单。投保单是投保人填写的，表示愿意同保险人订立保险合同的书面申请，也是投保人要求投保的书面凭证，为保险合同的要件之一。

(2)投保方式。投保方式主要有上门办理保险、到保险公司投保、电话投保、网上投保、代理人投保、经纪人投保。

3. 核保

核保是确定是否承保、承保条件、保险费率的过程。

(1)审核投保单。审核内容包括形式是否完整、清楚，内容是否准确等。

(2)查验车辆。查验车辆内容包括重点车辆和重点检查。

(3)核定费率。应根据投保单上所列的车辆情况、驾驶人员情况和保险公司的"机动车辆保险费率标准"逐项确定投保车辆的保险费率。

(4)计算保费。计算保费分为一年期的保费和短期保费。

(5)复核。如果在核保过程中保险标的复核有特殊情况，则需要提供更多资料进行复核。

4. 缮制与签发单证

(1)缮制保险单。业务内勤接到投保单及其附表以后，根据核保人员签署的意见，即可开展缮制保险单工作。"被保险人"和"厂牌型号"栏内登录统一规定的代码。录入完毕检查无误后，打印出保险单。保险单缮制完毕后，制单人应将保险单、投保单及其附表一起送复核人员复核。

(2)复核保险单。复核人员接到保险单、投保单及其附表后，应认真对照复核。复核无误后，复核人员在保险单复核处签章。

(3)收取保险费。收费人员经复核保险单无误后，向投保人核收保险费，并签字盖章。只有被保险人按照约定交纳了保险费，该保险单才能产生效力。

(4)签发保险单证。机动车保险合同实行一车一单(保险单)和一车一证(保险证)制度。签发单证时，交给被保险人收执保存的单证有保险单正本、保险费收据、机动车保险证。对已经同时投保车辆损失险、第三者责任险、车上人员责任险、不计免赔特约险的投保人，还应签发事故伤员抢救费用担保卡，并做好登记。

(5)保险单证的清分与归档。对投保单及其附表、保险单及其附表、保险费收据、保险证，应由业务人员清理归类。

①财务人员留存的单证：保险费收据、保险单副本。

②业务部门留存的单证：保险单副本、投保单及其附表、保险费收据。

留存业务部门的单证，应由专业人员管理并及时整理、装订、存档。每套承保单证应按照保费收据、保险单副本、投保单及其附表、其他材料的顺序整理，按照保险

单流水号码顺序装订成册，并在规定时间内移交档案室归档。

5. 续保

保险期满以后，投保人在同一保险人处重新办理保险机动车的保险事宜称为续保，机动车保险业务中有相当大的比例是续保业务，做好续保业务对巩固保险业务来源十分重要。

6. 批改

我国《机动车辆保险条款》规定："在保险合同有效期内，保险车辆转卖、转让、赠送他人、变更用途或增加危险程度，被保险人应当事先书面通知保险人并申请办理批改。"

同时，一般汽车保险单上也注明"本保险单所载事项如有变更，被保险人应立即向本公司办理批改手续，否则，如有任何意外事故发生，本公司不负赔偿责任。"的字样，以提醒被保险人注意。

在保险单签发以后因保险单或保险凭证需要进行修改或增删时所签发的一种书面证明称为批单，也称背书。批改作业的结果通过这种批单表示。

7. 退保

投保人于保险合同成立后，可以书面通知要求解除保险合同，保险公司在接到解除合同申请书之日起，接受退保申请，保险责任终止。

8. 保险单证的管理

机动车保险的单证大体分为两类：一类是正式的单证，包括投保单、保险单（图 4-1）和批单；另一类是相关的单证，包括保险证、急救担保卡或保险抢救卡，由于单证管理失控而引发的问题屡见不鲜，如截留和侵吞保费、利用单证违规担保等情况时有发生，给保险公司带来了严重的经济损失，为此应当重视和加强对保险单证的管理。

图 4-1　汽车保险单样张

一、明确任务

(1)根据学习任务,分小组学习汽车保险基础知识及各险种的知识。

(2)能根据投保人需求为不同车辆设计汽车保险方案,根据客户王先生的实际需要推荐合适的保险方案。

(3)为客户王先生办理汽车保险相关手续。

(4)各小组在模拟工作情景下进行分角色扮演练习,展示学习成果,并进行组内和组间的自评与互评,接受指导教师的评价反馈。

二、制订实施计划

(1)小组成员查阅学习教材及资料,并利用计算机、网络学习汽车保险基础知识及各险种基本情况、汽车保险的保险投保与承保的主要流程和主要内容等。在教师的引导下分组,以小组为单位学习相关知识,并完成下列任务。

①汽车保险的职能和作用。

②汽车保险的主要险种的比较,见表4-2。

表 4-2 汽车保险的主要险种的比较

险种	比较		
	保险标的	承保范围	责任免除
机动车交通事故责任强制保险			
车辆损失险			
第三者责任险			
车上人员责任险			

(2)"保险员余帅"为"客户王先生"完成保险方案推荐与选择(客户王先生的车辆详情可由授课教师指定或由各组学生自行设计)。车险业务员扮演者根据车主的实际需求和经济实力为车主的车辆制订保险方案。其具体步骤:第一,从专业的角度对投保人可能面临的风险进行识别和评估;第二,在风险评估的基础上提出保险的总体建议;第三,对条款的适用性进行说明,介绍有关的险种并对条款进行必要的解释;第四,对保险人及其提供的服务进行介绍。

在教师的引导下,以小组为单位学习相关技能,并完成下列任务。

①填写汽车保险方案比较与选择的表格(表4-3)。

②各组针对表4-3中的5种汽车保险方案进行演算与分析。

③在为客户制订汽车保险方案时如何协调充分保障与经济节省的矛盾。

表 4-3　汽车保险方案比较与选择

比较项目	保险方案				
	最低保障方案	基本保障方案	经济保险方案	最佳保障方案	完全保障方案
险种组合					
保障范围					
适用对象					
优点					
缺点					

（3）现场感受"任务情境"中的保险业务工作氛围。各小组成员团队合作，分角色扮演保险人和投保人模拟汽车保险投保与承保业务流程，完成此次客户王先生办理汽车保险的任务。主要审核投保人资格、投保人或被保险人的基本情况、投保人或被保险人的信誉、保险标的、保险金额、保险费、附加条款等。核保完成后做出承保决定并完成汽车保险承保工作，按步骤完成：缮制保险单证，复核保险单，开具保费收据，收取保险费，签发保险单证、保险证以及统计归档。

在教师的引导下，以小组为单位学习相关技能，并完成相关任务；归纳汽车保险投保的注意事项。

（4）以小组为单位面向全班进行学习成果展示。各组对学习成果及组内成员学习情况进行自评，各小组之间对学习成果进行互评。

评价反馈

教师设计考核评价表（表 4-4），小组之间开展自评与互评；教师对各组任务的完成情况予以评价和鼓励。

表 4-4　考核评价表

序号	考核内容	分值	评分标准	自评	互评	师评
1	小组准备	10	小组分工明确、共同合作，有团队精神			
2	知识运用	30	能够熟悉汽车保险各险种的内容和保障范围，详细介绍汽车保险各险种的基本情况，推荐合适的保险方案			
3	成果展示与任务报告	20	能够根据所掌握的知识和信息为客户服务，提出合适的保险方案及方案分析，形成任务报告			

序号	考核内容	分值	评分标准	自评	互评	师评
4	学习态度与课堂纪律	15	学习积极主动、态度认真、遵守教学秩序			
5	自主学习与动手能力	10	小组成员查阅学习教材和资料，并利用计算机等信息设备，学习汽车保险基础知识及各险种基本情况，以及汽车保险的保险投保与承保的主要流程与主要内容，能根据投保人需求为不同车辆设计汽车保险方案，还能根据客户的实际需要推荐合适的保险方案，为客户办理相关手续			
6	基本素养	15	通过学习培养避险观念，提高保险服务的专业技能，树立为客户服务的理念			
	总配分	100	总得分			
	综合评价					

一、单项选择题

1. 根据目前各公司执行的汽车保险主险条款，对于以下（　　）原因造成的车辆损失，一般不承担赔偿义务。

　A. 地震　　　　　　　　　　　B. 贬值损失

　C. 轮胎单独损坏　　　　　　　D. 以上答案都正确

2. 汽车保险方案制订的基本原则的说法不正确的是（　　）。

　A. 保险与防灾减损相结合的原则　　B. 充分保障的原则

　C. 保险利益的原则　　　　　　　　D. 最大诚信的原则

3. 保险合同生效后，保险标的危险程度增加时，被保险人未履行危险程度增加通知义务，保险人对因危险程度增加而导致的保险标的的损失，可采取的正确的方式是（　　）。

　A. 酌情赔偿　　　B. 不予赔偿　　　C. 部分赔偿　　　D. 必须赔偿

4. 关于无赔款优待，下列说法错误的是（　　）。

　A. 如果车辆同时投保车损险、第三者责任险和附加险，只要任一险种发生赔款，被保险人续保时不能享受无赔款优待

　B. 被保险人未再续保的

　C. 保险车辆发生保险事故，续保时案件未决，被保险人可以享受无赔款优待

模块四 汽车保险的购买与理赔

099

D. 一年内，发生所有权转移的保险车辆，续保的不享受无赔款优待

5. 汽车保险的续保业务一般在原保险期到期前(　　)开始办理。

　　A. 一个月　　　　B. 半个月　　　　C. 三个月　　　　D. 两个月

二、简答题

1. 简述汽车保险核保的主要内容。

2. 强制汽车责任保险与商业汽车责任保险相比，具有哪些特征?

任务二　完成汽车保险理赔业务

　　已经投保了汽车保险的王先生在停车时不小心撞上了停放在旁边的一辆小轿车，王先生第一时间拨通了保险公司的电话，希望保险公司能为他办理出险理赔。假如你是保险公司的工作人员，将怎样完成此次任务?

知识目标

掌握机动车出险的保险理赔程序、工作内容、特点和要求。

能力目标

能根据客户车辆出险实际情况办理汽车保险理赔手续。

素养目标

合作学习、团队协作，具备基本的保险理赔专业素质。

一、汽车保险理赔概述

1. 理赔工作

理赔是保险公司管理工作中的环节，是指在保险公司合约中所规定的重大保障事项产生后，被保险人(投保人、受益人)提出索赔给付或保障金申请时，保险人按合同履行赔偿或给付保险金的行为过程。

2. 理赔工作的一般原则

在处理理赔案时，必须遵循"主动、迅速、准确、合理"的原则，对车险理赔案件尤为如此。如果汽车经常发生事故，应主动研究其主要原因；汽车在主要交通道路上涉及汽车事故，应尽快出动，及时调查。如果长时间不报告，适当的目击者就难以找到，一旦延迟进行现场调查，时过境迁，就会很难查取证据。此外，估算经济损失也要精准，确定损失大小和误工费用要合理。

迅速对于车险而言尤为关键。及时处理理赔案件并进行维修，恢复正常使用，特别是营运用车。车险报案的时间限制通常为事故发生后的 48 h 以内，不同保险公司可能有不同的具体要求，车主在购买车险时应仔细阅读保险条款。

3. 赔付依据

保险人对被保险人的赔付是根据保险条款、交通管理部门颁发的交通事故处理办法及相关的法律规定的。理赔工作是保险人履行保险合同义务的法律行为，应当严格按条款的规定处理事务，不能脱离条款另立章程，任意处理理赔案件。在办理赔偿案时坚持实事求是，既要严格遵循保险契约的原则办理，也要结合实际情况考虑一定的灵活性。

4. 理赔工作简图

机动车辆出险的理赔工作主要由保险公司的车险部负责，车险部主要工作人员包括接待报案员、医疗查勘员、车辆查勘员、定损核价员、复勘人员、立案人员、缮制赔案员等。图 4-2 说明了汽车保险理赔的业务流程，表 4-5 显示各理赔工作的内容和要求。

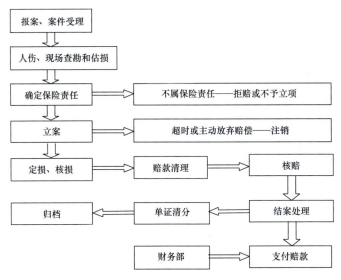

图 4-2　汽车保险理赔业务流程

汽车金融服务
QICHE JINRONG FUWU

表 4-5　汽车保险理赔工作的内容和要求

理赔流程	主要工作	时效要求
案件受理	1. 接听/接待报案； 2. 记录报案内容； 3. 查抄保单； 4. 准备有关单证； 5. 通知查勘、定损	接报案后 1 h 内完成；抄单应在 1 日内完成
现场查勘	1. 赶赴现场、施救、查勘； 2. 盗抢险调查车辆被盗、被抢的真实性	50 km 内应在 2 个工作日内完成
定损、核损	1. 对受损车辆进行定损、核损； 2. 缮制查勘报告； 3. 复勘； 4. 缮制复勘报告	50 km 内应在 2 个工作日内完成
立案处理	1. 根据查勘、定损报告等资料，属保险责任的在计算机系统进行立案处理； 2. 扣除责任分摊、免赔、折旧、残值等因素，在计算机系统录入预估损失	应在报案后 7 日内立案、录入预估损失
缮制赔案、审批结案	1. 收齐索赔资料，缮制赔案； 2. 审批结案，如有疑点，进行案件调查，属超权限的赔案报上级部门； 3. 在计算机系统进行结案处理，属追偿案件的录入计算机系统； 4. 核对保费到账情况，如有异议，根据规定支付赔款	盗抢案件应由公安部门出具证明后，收齐有关索赔单证；简单、一般、复杂案件分别在材料收齐后起 3 个、7 个、15 个工作日内审批

二、车险理赔程序

机动车辆出险一般可分为三类：保险车辆（含投保的挂车）发生全车被盗窃、被抢劫、被抢夺等事故；保险车辆出现受损事故；保险车辆致使第三者遭受人身伤亡或财物直接损失的事故。现将上述三类车辆出险的理赔程序分述如下。

1. 盗抢事故处理及保险理赔程序

（1）接待报案，核查底单。这部分工作一般由接待报案员负责。

①详细询问并记录车辆盗抢的时间、地点、经过；盗抢车辆的型号、制造年份、重置价值；发动机号码、车架号码；等等。

②要求被保险人在地级市以上报纸上刊登《寻车启事》，并需要提交保单正本、行驶证、附加费证、车钥匙、购车发票等，并由经办人员签收。

③指导被保险人如实填写《出险通知书》；在《出险通知书》上加盖收件章，载明报案年、月、日、时、分。

④查阅保单副本、批单副本，核实保费收缴情况，确定公司是否负盗抢赔偿责任。

⑤根据所了解的情况登录《保险车辆盗抢登记簿》，并按规定将案情通报上级公司。

（2）收集资料，调查取证。接待报案员将有关资料移交车辆盗抢专职调查员，由调查员从多条途径对车辆盗抢情况进行调查、了解、取证。

①到发生盗抢的地点进行现场查勘，找有关当事人（如保安、目击者等）询问并记录案发的情形。

②从该车的销售部门及机电公司了解该车的购买价和实际价，参照保险金额，判断被保险人有无保险欺诈行为。

③到车管所核对盗抢车辆的档案，查实其车型、牌号、制造年份、发动机号码、车架号码等是否与《出险通知书》上填列一致。

④从当地公安部门了解机动车盗抢车辆的侦破近况，并协助其加强对盗抢车辆的侦破工作。根据调查情况填制《查勘报告》。

（3）逐级审核，归档结案。这部分工作一般由缮制赔案人员负责。

①三个月未被破获的被盗抢保险车辆要求被保险人提供公安部门出具的车辆盗抢未破获证明。

②由被保险人填写《权益转让书》，将盗抢车的追偿权转让给承保公司。

③按《机动车辆出险索赔所需资料》要求，收集有关资料及单证，根据条款确定赔付金额，缮制《赔款计算书》。

④按规定逐级复审并报上级公司，核批后赔付归档。

（4）加强对盗抢寻回车的管理。盗抢车经公安部门破案寻回的，其奖励费由承保公司按公安部文件规定给付，须单独归档，统一管理。

盗抢寻回车原则上是要退回被保险人抵减赔款，确因工作需要收回的，需报上级公司有关部门批准方可留用。

2. 车损事故险处理及保险理赔程序

（1）接待报案。接待报案员主要担任引导出险保户并协助承保企业的索赔管理工作，负责索赔方面的问题解答及询问，负责管理与保户提供联系并将相关资料及时回复给相关部门，以及负责管理接受集团公司管理系统内异地委托代理查勘服务的接收管理工作等。

接待报案员应向报案人提供有关单证，进行逐项填写（接电话报案，由内勤填写），并由保户填写《出险通知书》。接待报案员还要查阅业务留存的有关资料，核定承保内容及保费收缴情况。根据条款规定和已填写的《出险通知书》，初步判定是否属于承保公司应负的赔偿责任。确认无误后，填写《出险案件登记簿》立案编号，并将有关资料提交查勘定损人员。

（2）送修。由送修人员负责对出险事故车送厂维修。送修人员根据事故的定损价格送修，或按被保险人的实际需要送修。一般保险人配备专业的送修人员，也可以由技术查勘人员兼职。

（3）定损估价。汽车保险定损核价工作人员在接受任务和相关资料后，应当使用必要的设施和技术手段做好查勘工作。对事故车及受损部位进行拍照。

针对检测状况，厘清发生原因与损坏所产生的关系，并正确区分：哪些是因车辆自身故障而导致的损失，哪些是因车辆在正常运用过程中自身损坏、老化所导致的损失，哪些是因在使用过程中维修管理不善所导致的损失，哪些是因损坏产生后未能及时做出正常的维修保养而造成损毁范围扩大所导致的损失。然后根据车辆保险条款中所列明的责任范围，明确事故车辆受损部位和赔偿范围。在汽车保险定检评估流程中按照能修不换的保险赔偿原则，根据当地维修人员时价和零配件价值对事故车辆的受损部位逐项加以核实，从而进行准确的定损估价。

由查勘定损员负责对送达指定汽修厂内（含非指定修理厂）及未送达指定修理厂出险事故车的查勘定损估价，受理外埠事故车查勘定损估价，受理公司系统内异地委托代理查勘业务的查勘定损估价。

（4）核赔。由核赔人员（缮制赔案人员）负责从保险条款上和技术上，对赔案进行分析审批、档案卷宗管理及分析统计。

核赔人员向保户和相关部门、工作人员收集相关理赔资料和相关单证，根据所查明的事故损失原因、涉及的部位和损失范围，依据保险条款规定确定理赔范围和赔偿数额。制订《赔款计算书》，缮制赔案，并根据公司规定认真做好超权限赔案的审批上报工作，并根据核赔人员的授权范围最终核实。

在赔案审查之前，将根据维修双方约定的服务项目和数额，重新估计未决赔款，并录入计算机，以计算未决的赔款数额和赔偿率。赔案批准后，将按实际赔付情况录入计算机，并计算已决赔付数额和赔付率。

3. 多方事故处理及保险理赔程序

（1）接待出险通知。接待报案员在接待被保险人报案时，应根据被保险人填具的《出险通知书》详细询问并记录。

①被保险人的名称、保单号码、驾驶员情况、车辆型号、牌照号码、发动机号码等。

②出险日期、出险地点、出险原因及经过。

③第三者人身伤亡及财物情况。

④伤者姓名、性别及就医时间、医院名称、地址。

⑤第三者受损财物的所有人名称、种类及存放地点。

（2）核实承保情况。承保公司在接到《出险通知书》后，应立即查阅公司业务留存的保单副本、批单副本及保费收据，核实其承保内容及保费收缴的情况，无误后在《出险通知书》上加盖收件章，载明年、月、日、时、分。车险业务内勤须填写《出险案件登记簿》，编号立案，并及时将有关资料转交现场查勘人员。

（3）查勘定损。现场查勘人员接到通知后，应立即赶到现场进行查勘、定损。

①对出险现场全景、受损财物、事故发生的部位、局部损坏的部分进行拍照，并绘制现场草图。

②伤者及受损财物是否属第三者，是否确属保险金责任范围。

③对第三者财物进行定损估价，第三者车辆损失参照《车损险理赔程序》处理。

④至伤者就医医院了解事故发生的经过、治疗情况及所需医疗费用。

⑤对于定损困难的第三者财物损失及人身伤害案，应及时聘请技术部门的专家或

工程技术人员协助做出技术鉴定后，再予定责定损，以防损失扩大和盲目处理。

⑥根据查勘定损情况填制《查勘报告》，并在上面写明处理意见。

（4）核赔归档。交警部门对事故做出裁决后，被保险人应将事故责任判定书、损失赔偿裁决书、医院诊断证明或法医鉴定书、医药费发票、损失清单、修理费发票等有关单据送交承保公司，承保公司根据《机动车辆保险条款》、查勘审定的责任及单证、票据等确定其赔偿范围及赔付金额。

①对第三者赔偿要根据当地《道路交通事故处理办法》认真审核，看是否真实合理、是否以责论处，对不合理的费用和间接损失要剔除；对未经承保公司许可，而保户自愿支付的款项，应由保户自负。

②若第三者赔偿费用超过保单载明的第三者责任险每次事故最高赔偿限额，则按最高赔偿限额计算。

③缮制《赔款计算书》，根据规定报各级核赔人员审批，在赔案未最终核定前，不得对赔偿金额有任何预告或承诺。

④由车险业务内勤将有关资料整理、归档。

 任务实施

一、明确任务

（1）根据学习任务，分小组学习汽车保险理赔业务流程、三类车辆出险的理赔程序、车辆出险现场查勘技术等知识。

（2）根据"任务情境"描述，为客户王先生办理汽车保险理赔手续。

（3）各小组在模拟工作情景下进行分角色扮演练习，展示学习成果，并进行组内和组间的自评与互评，接受指导教师的评价反馈。

二、制订实施计划

（1）小组成员查阅学习教材及资料，并利用计算机、网络学习汽车保险理赔基础知识及各出险情况下的理赔流程与主要内容等。在教师的引导下分组，以小组为单位学习相关知识，并完成下列任务。

①概括汽车保险理赔的一般原则与赔付依据。

②整理出全车盗抢险、车损险、第三者责任险的理赔流程。

（2）为"客户王先生"办理保险理赔手续。在教师的引导下，以小组为单位学习相关技能，并完成下列任务。

①为王先生进行出险汽车的理赔赔偿分析与定损核价。

②缮制机动车辆保险定损报告。

（3）现场感受"任务情境"描述中的保险业务工作氛围。各小组成员团队合作，分角色扮演保险公司车险部员工与客户王先生，演示该出险汽车的理赔程序，合作完成此次客户王先生车险理赔任务。在教师的引导下，以小组为单位学习相关技能，并完成下列任务。

①按规范流程演示客户王先生的出险汽车的理赔过程；

②归纳汽车保险理赔工作的注意事项。

 评价反馈

　　教师设计考核评价表（表4-6），小组之间开展自评与互评；教师对各组任务的完成情况予以评价和鼓励。

表4-6　考核评价表

序号	考核内容	分值	评分标准	自评	互评	师评
1	小组准备	10	小组分工明确、共同合作，有团队精神			
2	知识运用	30	熟悉汽车保险理赔业务流程、车辆出险现场查勘技术，根据"任务情境"描述，为客户办理汽车保险理赔手续			
3	成果展示与任务报告	20	为客户办理保险理赔手续，进行出险汽车的理赔赔偿分析与定损核价，缮制机动车辆保险定损报告			
4	学习态度与课堂纪律	15	学习积极主动、态度认真、遵守教学秩序			
5	自主学习与动手能力	10	小组成员查阅学习教材及资料，并利用计算机、网络学习汽车保险理赔基础知识及各出险情况下的理赔流程与主要内容，按规范流程演示客户出险汽车的理赔过程，归纳汽车保险理赔工作的注意事项			
6	基本素养	15	合作学习、团队协作，具备基本的保险理赔专业素质，树立为顾客服务的理念			
总配分		100	总得分			
综合评价						

 巩固提升

一、单项选择题

1. 施救费用的赔偿金额以（　　　）为限。

　　A. 实际损失　　　　B. 实际施救费用　　C. 保险金额　　　　D. 保险费

2. 被保险人提供的各种必要的单证齐全后，保险人应当迅速审查核定。赔款金额经保险合同双方确认后，保险人在（　　）天内一次赔偿结案。

   A. 5　　　　　　　B. 10　　　　　　　C. 15　　　　　　　D. 20

3. 保险车辆发生保险事故后，被保险人应当采取合理的保护、施救措施，并立即向事故发生地交通管理部门报案，同时在（　　）h内通知保险人。

   A. 12　　　　　　B. 24　　　　　　　C. 36　　　　　　　D. 48

4. 有关汽车保险理赔方面的描述正确的是（　　）。

   A. 汽车保险理赔是指保险汽车在发生风险事故后，保险人依据保险合同的约定对被保险人提出的索赔请求进行处理的行为

   B. 汽车保险理赔涉及保险合同双方的权利与义务的实现，是保险经营中的一项重要内容

   C. 近年来，由于现代汽车的结构性能日趋合理，因车辆本身原因导致的交通事故比例呈现出下降的趋势，而由人为因素引起的交通事故在迅速增加。这种变化增加了汽车保险理赔工作的难度

   D. 以上答案都正确

5. 汽车保险的保险责任是（　　）。

   A. 负责赔偿由于汽车质量原因造成汽车本身的损失

   B. 负责赔偿由于汽车质量原因造成第三者的损失

   C. 负责赔偿保险汽车的所有人或驾驶员因驾驶保险汽车发生交通事故造成车辆损毁的损失和对第三者应负的赔偿责任

   D. 负责赔偿所有损失

二、简答题

1. 简述汽车保险理赔的基本原则。

2. 简述汽车保险的理赔流程。

任务三　购买汽车消费贷款保证保险

任务情境

　　李明在保险公司实习期间，一名客户向他咨询汽车消费信贷保证保险的相关内容

以及如何购买这项保险。假如你是李明，将如何为客户解答？

学习目标

知识目标
了解汽车消费贷款保证保险的承保和理赔业务。

能力目标
能理解汽车消费贷款保证保险的内容和作用。

素养目标
树立利用保险产品避险的观念。

学习准备

一、汽车消费贷款保证保险的概念

汽车消费贷款保证保险是一种以借款合同所确定的贷款本息为标的，投保人(义务人或借款人)根据被保险人(权利人或提供汽车消费贷款的银行)的要求，请求保险人担保自己信用的一种保险。如果在规定的期限内(如3个月)，因投保人未按借款合同如期履行还款义务，致使被保险人(银行)受到经济损失，由保险人承担赔偿责任。保险人履行了保证保险的赔付义务后，有权向投保人追偿。

动画：汽车消费信贷保证保险是什么？

车贷险保险人对被保证人(贷款购车人或投保人)的履约能力或履约信用提供保险，如果债务人因偶发事故或意外事件丧失履约能力，保险人才承担保险责任。被保证人有履约能力而不履约的信用风险不作为车贷险保险人承保的风险。因此，车贷险保险人承保的风险可以确定为债务人无法预料事件或主观能力因素引发的经营管理不善造成严重亏损而明显缺乏清偿能力；债务人发生死亡、伤残、疾病、失业等原因丧失经济来源，无法偿还银行贷款等。

汽车消费贷款保证保险投保人是根据中国人民银行《汽车消费贷款管理办法》的规定与被保险人订立汽车消费贷款合同以贷款购买汽车的中国公民、企业、事业单位法人。被保险人是指为投保人提供贷款的国有商业银行或经中国人民银行批准经营汽车消费贷款业务的其他金融机构。汽车消费贷款保证保险单样张如图4-3所示。

二、保险责任

投保人逾期未能按汽车消费贷款合同规定的期限偿还欠款满一个月的视为保险责任事故发生。保险责任事故发生后6个月投保人不能履行规定的还款责任，保险人负责偿还投保人的欠款。

责任免除是指由于下列原因造成投保人不按期偿还欠款导致被保险人的贷款损失时保险人不负责赔偿。

(1)战争、军事行动、暴动、政府征用、核爆炸、核辐射或放射性污染。

(2)因投保人的违法行为、民事侵权行为或经济纠纷致使其车辆及其他财产被处罚没收、查封、扣押、抵债及车辆被转卖、转让。

(3)因所购车辆的质量问题及车辆价格变动致投保人拒付或拖欠车款。

(4)由于被保险人对投保人提供的材料审查不严或双方签订的汽车消费贷款合同及其附件内容进行修订而事先未征得保险人书面同意，导致被保险人不能按期收回贷款的损失。

(5)由于投保人不履行汽车消费贷款合同规定的还款保险期限和保险金额义务而导致罚息、违约金，保险人不负责赔偿。

长安责任保险股份有限公司
CHANGAN PROPERTY & LIABILITY INSURANCE LTD.

小额贷款保证保险投保单

投保须知
1. 本投保单和《小额贷款保证保险条款》是保险合同的组成部分，请仔细阅读，尤其是关于免除保险人责任的条款，投保人及被保险人义务的规定。
2. 请如实填写投保单，如果不履行如实告知义务，本公司有权依法解除保险合同并不承担保险责任，对已支付的赔款，本公司有权要求退还。
3. 请按本保险合同的约定及时缴纳保险费。

申请贷款金额		元	申请贷款期限*	□贷款期限≤6个月	□6个月<贷款期限≤12个月			
投保人基本信息	姓名		身份证号码		性别	□男 □女		
	学历	□硕士及以上 □本科 □大专 □中专/技校/高中 □高中以下			婚姻状况	□未婚 □已婚无子女 □已婚有子女 □其他（丧偶，离异等）		
	移动电话		住宅电话		电子邮箱			
	住宅地址	省 市 区 号（室）			邮政编码			
	投保前三年有无信用卡逾期或银行贷款逾期							
	本址起始居住时间	年 月	投保人来投保城市年限	年	供养亲属人数	人		
用款企业信息	名称				投保前三年有无拖欠银行贷款情况	□有 □无		
	组织机构代码		投保前经营时间		自 年 月—— 年 月 共 年			
	固定详细生产/经营地址				生产/经营地址电话			
	企业类型	□集体 □民营 □私营 □个体 □其他			所属行业			
	注册资本		贷款用途		法定代表人			
	用工人数		上年销售额		法定代表人身份证号			
投保人房产/资产信息	房产类别*	□商业按揭贷款 □无按揭购房 □公积金按揭购房 □自建房 □租用 □暂住 □亲属住房 □单位住房			每月租房/按揭还款金额	元		
	购买时间	年 月	购买价格	元	建筑面积	㎡		
	房产地址	□同住宅地址	省 市 区 号（室）		邮政编码			
	是否有私家车	□有 □无	是否有社保/公积金	□有 □无	在银行开立存款账户（多选）	□活期存款 □定期存款 □信用卡 □其他		
	银行总资产	□5000元以下 □5000-1万 □1万-3万 □3万-5万 □5万-10万 □10万-20万 □20万以上	投资账户余额（股票，基金等）	□0□5000元以下 □5000-1万 □1万-3万 □3万-5万 □5万-10万 □10万-20万 □20万以上				
投保人职业信息	工作单位				单位性质	□机关事业 □国有股份 □外资 □合资 □私营 □个体 □社会团体及其他		
	所属行业		任职部门		职位/职务	□高管人员 □中层管理 □基层管理 □员工 □销售/中介/业务代表 □营业员/服务员		
	单位地址	省 市 区 号（室）			邮政编码			
	单位电话	（区号）	分机		本单位工作起始时间	年 月 日		
	每月基本薪金	元（税后）	其他收入	月均约 元	每月总收入	元（税后）	每月支薪日	日
	如申请人为私营业主请补充以下资料							
	私营企业类型	□个体 □私营独资 □私营合伙 □私营有限责任公司 □私营股份有限公司			成立时间	年 月 日		
	股权占比	%	经营场所	□租用 □自有房产	员工人数	人		
联人信息	配偶	姓名		移动电话		其他联系方式		
	父亲	姓名		移动电话		目前工作单位或离退休单位		
	母亲	姓名		移动电话		目前工作单位或离退休单位		
	直系亲属	姓名		关系		移动电话	住宅电话	（区号）
	其他联系人	姓名		关系		移动电话	住宅电话	（区号）
	其他联系人	姓名		关系		移动电话	住宅电话	（区号）
	其他联系人	姓名		关系		移动电话	住宅电话	（区号）
	家人是否知晓此贷款	□是 □否	邮寄地址	□单位地址 □住宅地址【如未勾选，默认为单位地址】				
贷款担保方式信息	担保人名称		担保合同号		组织机构代码/身份证		许可/资质情况	
	抵押物名称		抵押合同号		抵押物评估金额		抵押物评估人名称	
	质押物名称		质押合同号		抵押物评估金额		抵押物评估人名称	
	抵（质）押权人名称							
	备注：							
被保险人信息	被保险人名称		借款合同编号		联系人			
	固定电话		详细地址		组织机构代码			
贷款期间	个月，自 年 月 日 零时起至 年 月 日二十四时止							
保险期间	个月，自 年 月 日 零时起至 年 月 日二十四时止							
约定期限	天							
贷款利息	人民币（大写）：	￥：						
贷款本金	人民币（大写）：	￥：						

图 4-3　汽车消费贷款保证保险保单样张

三、保险期限与保险金额

保险期限是从投保人获得贷款之日起至付清最后一笔贷款之日止，但最长不得超过汽车消费贷款合同规定的最后还款日后的一个月。

保险金额为投保人的贷款金额（不含利息、罚息及违约金）。

四、投保人义务

投保人必须在本合同生效前履行以下义务：

（1）一次性缴清全部保费。

（2）必须依法办理抵押物登记。

（3）必须按中国人民银行《汽车消费贷款管理办法》的规定，为抵押车辆办理车辆损失险、第三者责任险、盗抢险、自燃险等保险，且保险期限至少比汽车消费贷款期限长 6 个月，不得中断或中途退保。

五、被保险人义务

（1）被保险人发放汽车消费贷款对象必须为贷款购车的最终用户。

（2）被保险人应按中国人民银行《汽车消费贷款管理办法》的规定，严格审查投保人的资信情况，在确认其资信良好后方可同意向其贷款。资信审查时应向投保人收取以下证明文件并将其复印件提供给保险人。其内容包括个人的身份证及户籍证明原件、工作单位人事及工资证明、居委会出具的长期居住证明，以及法人的营业执照、税务资信证明等。

（3）被保险人应严格遵守国家法律、法规，做好欠款的催收工作和催收记录。

（4）被保险人与投保人所签订的汽车消费贷款合同内容如有变动，须事先征得保险人的书面同意。

（5）被保险人在获得保险赔偿的同时应将其有关追偿权益书面转让给保险人并协助保险人向投保人追偿欠款。

（6）被保险人不履行以上各条规定的各项义务，保险人有权解除保险合同或不承担赔偿责任。

一、明确任务

（1）分组查阅学习我国关于汽车消费信贷保证保险的相关规定。

（2）分组查阅学习汽车消费信贷保证保险的承保业务和理赔流程。

（3）查阅过程中可以结合所工作的城市情况或选择有代表性的城市情况进行了解，展示学习成果，并进行组内和组间的自评与互评，接受指导教师的评价反馈。

二、制订实施计划

(1)分组：先分组再小组分工，小组成员查阅教材及学习资料，并利用计算机、网络查询汽车消费信贷保证保险的相关规定和承保理赔流程。

(2)进行小组展示：组长负责撰写本小组的小结，评价组员的工作表现。

教师设计考核评价表(表 4-7)，小组之间开展自评与互评；教师对各组任务的完成情况予以评价和鼓励。

表 4-7　考核评价表

序号	考核内容	分值	评分标准	自评	互评	师评
1	小组准备	10	小组分工明确、共同合作，有团队精神			
2	知识运用	30	学习我国关于汽车消费信贷保证保险的相关规定及汽车消费信贷保证保险的承保业务和理赔流程			
3	成果展示与任务报告	20	能够根据所搜索的知识进行详细的阐述并提出看法			
4	学习态度与课堂纪律	15	学习积极主动、态度认真、遵守教学秩序			
5	自主学习与动手能力	10	根据教师分布的任务，带着问题去思考，去检索所需知识，分析并制作PPT汇报			
6	基本素养	15	理解中国特色汽车消费信贷保证保险业务发展的方向，培养利用保险产品避险的观念			
	总配分	100	总得分			
	综合评价					

简答题

1. 简述汽车消费贷款保证保险。
2. 汽车消费贷款保证保险的投保人、被保险人、保险人分别是指哪些主体？
3. 汽车消费贷款保证保险的保险责任和责任免除的定义是什么？
4. 简述汽车消费贷款保证保险的保险期限。
5. 汽车消费贷款保证保险有哪些风险？

模块四　汽车保险的购买与理赔

模块五
汽车租赁的金融服务

模块简介

　　随着共享经济的发展，汽车租赁、共享出行越来越被人们所接纳，出门旅行租车，上下班通勤租车，租金还可以累计用来抵扣购车款，为后续购买汽车做准备，这都是汽车租赁金融服务的内容，使人们的生活变得越来越便利。本模块将介绍如何为客户提供汽车租赁服务及其金融方案的选择。

🚗 任务一　认识汽车租赁

任务情境

　　李明在汽车租赁公司实习期间，经理让他认真学习我国汽车租赁的相关知识，并结合国内外重要城市汽车租赁市场的现状为公司的员工做一次知识讲座。假如你是李明，将如何完成此次任务？

学习目标

知识目标

了解汽车租赁的起源、发展、分类、各自特点及发挥的作用。

能力目标

能够为客户介绍汽车租赁业务和分析汽车租赁市场现状。

素养目标

通过学习与协作，养成对汽车租赁发展的探索精神和专业敏锐性。

一、汽车租赁的定义

汽车租赁是承租人缴纳租金,向汽车所有权人交换汽车使用权的一种交易行为。中国首次对汽车租赁做出定义的是国内贸易部于1997年8月13日颁布并实施的《汽车租赁试点工作暂行管理办法》,对汽车租赁做出界定:汽车租赁为实物租赁,是以取得汽车产品使用权为目的,由出租方提供租赁期内的汽车使用功能、税费、保险、维修及配件等服务的租赁形式。

出租标的除了实物机动车外,还包括保障该机动车正常、合法上路行驶的所有手续与有关经济社会价值。区别于一般汽车出租业务的是,在租赁期间,承租人自行承担驾驶职责。汽车租赁业务的核心思想是资源共享,服务社会。

动画:汽车消费信贷保证保险是什么?

二、汽车租赁的分类

(一)按照服务所含项目

按照服务所含项目不同,汽车租赁可分为自驾租赁和代驾租赁。

(1)自驾租赁,租赁期内的驾驶劳务由承租方承担。

(2)代驾租赁,出租方会为出租车辆配备驾驶员,为承租方提供驾驶劳务服务。所配驾驶员的工作时间一般约定为6～10 h/日。

动画:汽车租赁的起源及发展历史?

(二)按照租赁期的长短

按照租赁期的长短不同,汽车租赁可分为时租、日租、月租和长期租赁。租赁的计时是从承租人租用车辆离开停车位置起开始计算,到归还至出租方规定的还车地点交回车辆为止。

(1)时租:以"h"作为租赁时间的计量单位,一般4 h起租,并且有行驶千米数的限制。

(2)日租:以"24 h"作为租赁时间的计量单位。通常也有行驶千米数的限制。

(3)月租:以"月"作为租赁时间的计量单位,承租人可能需要在与出租方约定的某个时间至约定地点对汽车进行定期检查和养护,并填写车辆运营情况说明。

(4)长期租赁:一般租赁期按"年"进行约定,也有将90天以上的租赁行为界定为长期租赁的。长期租赁需按照月租的有关规定对汽车进行定期检查和养护,并填写车辆运营情况说明。

模块五 汽车租赁的金融服务

（三）按照经营目的

按照经营目的的不同，汽车租赁可分为经营性租赁和融资租赁。

1. 经营性租赁

经营性租赁的交易目的是交换临时的汽车使用权，出租人和承租人均不以汽车所有权的转移作为目标。租赁期间，出租人除了提供汽车本身外，还应当承担保险、保养、维修、配件、上牌、税费、验车等用以保障汽车合法、安全使用的相关责任。租赁期结束后，承租人将汽车归还出租人，出租人对该汽车仍享有所有权。由于承租人对汽车所有权没有需求，因此一般是承租人在出租人已有的汽车中进行挑选，出租人不会根据承租人的需求，来购置特定车辆。

2. 融资租赁

融资租赁，除了出让汽车的临时使用权外，汽车所有权的转移也是目的之一。它的实质是依附于传统租赁上的金融交易，是一种特殊的金融工具。承租人选定某型号汽车，由出租人出资购买，租赁给承租人。在约定的租赁期内，承租人支付租金，获取汽车的使用权。租赁期满，承租人可以根据约定，选择支付约定的汽车残值或返还汽车给出租人。与经营性租赁不同，承租人需要承担租赁期内保险、保养、维修等责任，保险受益人为出租人。融资租赁，对出租人而言，控制租赁物件的所有权是为了控制承租人偿还租金的风险，从而将租赁所有权引起的成本和风险全部转嫁给了承租人。对承租人而言，承租人通过支付租金的方式，先行获得汽车的使用权，在租赁期结束后，再根据自身经济状况、需求情况和汽车状况对是否需要购买该汽车进行选择，推迟了对汽车购买的决策时间。

汽车融资租赁与分期付款购车相比，有以下区别：

（1）汽车所有权的归属。分期付款购车，汽车所有权从完成购买的时间点起，便转移给了购买者。汽车融资租赁，汽车所有权在整个租赁过程中，都是属于出租方的。虽然承租人在整个租赁期内，也有大量的资金支出，但在租赁期满后，汽车所有权仍可能是属于出租方的。这可以简单概括为汽车所有权对于分期付款是"必然转移"，对于融资租赁是"未必转移"。

（2）资金支出分布。分期付款需要有相应比例的首付款（我国规定不得低于车价的20%），随后按期偿还贷款。融资租赁无首付款条件，只需按期支付租金，并在租赁期满后，视需求选择是否支付尾款。

（3）资金支出与使用权取得的先后关系。分期付款购车，从表象上看，只是支付了一部分购车款便取得了汽车使用权，但实质上，是由信贷机构代为支付了车辆余款，即汽车使用权的获得是以支付全部购车款作为基础的。融资租赁汽车，在支付了首笔租金后，便可获得汽车的使用权。

三、汽车租赁的作用

1. 交通运输服务作用

汽车作为交通运输工具使用，是汽车租赁最根本的特点。

（1）短期租赁服务于人们的临时性出行需要。在欧美国家和地区，客车租赁服务的规模仅次于自驾车，超过了出租车、轨道及地面旅客运输等，是人们主要的出行交通方式之一。

(2)长期租赁在金融、集中采购、专业管理等方面服务于道路运输、物流企业，以提高其经营效率，同时部分长期租赁企业直接参与道路运输经营，如美国最大货车租赁企业——雷德公司也是美国第二大货运和物流公司。另外，带驾驶员的汽车租赁是客运和货运服务的另外一种形式，丰富了现有的零担货物运输业务、包客车客运业务。随着无车承运人、叫车平台的出现，汽车租赁企业成为资产（运输车辆）持有者、管理者和驾驶人的管理者，实质就是运输企业。

2. 融资作用

汽车租赁兼具融资功能，主要体现在对个人消费者及中小企业提供融资服务。尤其是针对缺少资金周转的中小企业，利用租赁汽车的方式，可以减少固定资本的投资，增加流动资金，不但可以改善企业的现金流，扩大生产经营规模，还可以增强企业再生产能力和占有市场的能力，而个人消费者则可以通过租赁方式提高汽车购买能力，提前将潜在的汽车消费需求转换为实际需要。

3. 渠道作用

(1)汽车短期租赁的直接作用是满足消费者的交通需求，而汽车长期租赁的消费者更看重汽车的长期使用价值和汽车所有权，这种长期的融资租赁会促使消费者最终购买汽车所有权，因此汽车租赁是汽车销售的重要市场。当今世界上大部分汽车租赁企业都进行了二手车的销售业务，还形成了汽车销售公司，如安飞士巴基特汽车销售公司、赫兹汽车销售公司等。

(2)在促进潜在消费上，长期租赁与分期付款功能相同，区别在于对于承租方（购买方）而言，财务报表上租赁不体现负债，也没有增加资产；而分期付款既体现为负债，也体现为新增资产。如果不考虑这一差异，长期租赁是与分期付款同样重要的汽车流通渠道。

4. 资源配置作用

汽车租赁公司作为租赁交易的一个平台，能够让运输设备需求企业通过租赁方式吸收各方资本形成最终的运输投资，而这种投资是通过租赁公司在货币市场与资本市场采取借贷、拆借、发债和上市等融资手段来完成的；换句话说，是在全社会进行了资本资源的自动配置。租赁资源配置的功能可以减少企业引进先进设备和技术的资金压力，有利于新技术的推广和节能减排。

一、明确任务

(1)分组查阅学习我国汽车租赁的产生、发展、分类和特点。

(2)分组查阅学习关于汽车租赁的国内外发展政策和城市发展现状。

(3)查阅过程中可以结合所工作、学习的城市情况或选择有代表性的城市情况进行了解，展示学习成果，并进行组内和组间的自评与互评，接受指导教师的评价反馈。

二、制订实施计划

(1)小组成员查阅教材及资料,并利用计算机、网络进行资料的整理和分析。

(2)进行小组展示:组内设置一名记录员,对任务的过程进行文字要点记录;一名组长负责撰写本小组的工作总结,评价组员的工作表现。

教师设计考核评价表(表5-1),小组之间开展自评与互评;教师对各组任务的完成情况予以评价和鼓励。

表 5-1　考核评价表

序号	考核内容	分值	评分标准	自评	互评	师评
1	小组准备	10	小组分工明确、共同合作,有团队精神			
2	知识运用	30	学习汽车租赁的产生、发展、分类和特点以及国内外市场发展现状,结合具体城市分析汽车租赁市场具体发展状况,有一定的信息检索和分析能力			
3	成果展示与任务报告	20	能够根据所搜索的信息进行详细的阐述并提出看法			
4	学习态度与课堂纪律	15	学习积极主动、态度认真、遵守教学秩序			
5	自主学习与动手能力	10	根据教师分布的任务,带着问题去思考,去检索所需知识,分析并制作PPT汇报			
6	基本素养	15	通过学习与协作,培养对汽车租赁的探索精神和专业敏锐性			
总配分		100	总得分			
综合评价						

一、单项选择题

1.租赁交易的实质是(　　)的转移。

A. 所有权 B. 担保权 C. 用益物权 D. 使用权

2. 根据国家标准《汽车租赁服务规范》中汽车租赁的主要分类，划分长期租赁和短期租赁的时间节点是（   ）。

A. 30 天   B. 60 天   C. 90 天   D. 120 天

二、多项选择题

1. 汽车租赁按照经营目的划分为（   ）。

A. 融资租赁   B. 二手车置换   C. 经营租赁   D. 自驾租赁

2. 汽车租赁的功能有（   ）。

A. 交通运输服务的功能   B. 融资功能

C. 规避损失的功能   D. 资源配置功能

3. 汽车融资租赁与分期付款购车的主要区别有（   ）。

A. 汽车所有权的归属   B. 资金支出与使用权取得的先后关系

C. 资金支出分布   D. 资金支出总额

4. 汽车租赁业的发展趋势主要有（   ）。

A. 规模化发展   B. 信息化发展   C. 品牌化发展   D. 共享化发展

三、简答题

1. 简述汽车租赁的概念。

2. 汽车租赁有哪些分类？

3. 简述汽车租赁的功能。

4. 简述汽车租赁的发展及趋势。

任务二　完成汽车融资租赁的业务流程

任务情境

为了掌握汽车租赁企业的业务流程，小张作为某汽车融资租赁集团公司的实习业务员，在该公司的门店进行为期两周的顶岗实习。在这两周里，在企业指导教师的带领下进行汽车融资租赁业务接待及操作等方面的观摩学习，并担任指导教师的工作助理，假如你是小张，将如何完成相关业务？

学习目标

知识目标

掌握汽车融资租赁业务主要的操作性流程、租赁合同及相关文件的填写。

能力目标

能完成汽车融资租赁业务流程，能够为客户办理租赁业务各项手续。

素养目标

团队协作共同完成任务，树立团队协作的精神和站在客户角度思考问题的客户服务理念。

一、汽车融资租赁业务流程及操作

（一）汽车融资租赁业务架构

汽车融资租赁又称为"以租代购"，可以实现汽车使用权和所有权的分离，客户可以先用车后买车，以长期租赁的方式从汽车经销商或汽车租赁公司的手中获得车辆的使用权，之后逐月支付租金，待租赁期满后，用户可以选择按照车辆残值购买或把车归还给汽车租赁公司。这是一种新的购车方式，也是利用汽车金融服务购车。

汽车融资租赁与其他融资租赁有很多相似的地方，都涉及三方当事人，并在融资租赁合同（图 5-1 中①、②两个合同）中标明了租期结束后租赁物所有权的归属。图 5-1 所示为汽车融资租赁交易的一个基本流程，序号代表主要操作步骤的先后顺序，其中⑤支付购买车辆可能由租赁公司委托供应商直接向承租人交付。

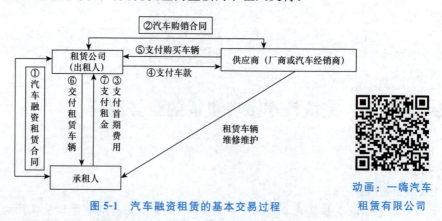

动画：一嗨汽车租赁有限公司

图 5-1　汽车融资租赁的基本交易过程

很多承租人要求运营车必须登记在自己的名下，汽车融资租赁行业为了适应这种需求，逐步形成了售后回租，实质上仍然是直租的业务模式，即：

（1）承租人将融资租赁车辆登记在自己名义下，名义上获得资产所有权。

（2）承租人将名义资产——融资租赁车辆出售给租赁公司，获得资金。

（3）获得租赁车所有权的租赁公司再把租赁车辆出租给承租人使用，承租人向租赁公司支付租金。

　　上述业务流程的核心是（2）中的资金并没有进入承租人手中而是由租赁公司（出租人）直接支付给汽车销售商，以此确保形式上符合售后回租要素，实质上符合融资租赁业务架构的资金、资产和风险的逻辑关系。

视频：汽车融资租赁
的流程和注意细节

（二）汽车融资租赁业务流程

　　在实际操作过程中，汽车融资租赁业务操作程序如图 5-2 所示。

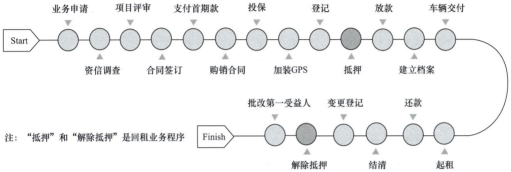

图 5-2　汽车融资租赁业务操作程序

　　上述业务的 19 个操作程序基本可分为以下五大板块。

1. 承租人资料收集

　　（1）承租人是法人的，向租赁公司提出汽车融资租赁业务的申请并提供表 5-2 中要求的资料。

表 5-2　承租人需提交的资料清单

序号	资料	说明
1	企业基本情况介绍	包括企业成立日期、历史沿革、股东情况、关联企业介绍、主营业务、车队规模、经营业绩、主要客户等，电子版
2	企业营业执照	经年检有效的，扫描件
3	公司章程	扫描件，盖骑缝章
4	验资报告	历次报告，扫描件，盖骑缝章
5	企业法人及主要高管人员身份证及简历	扫描件
6	近三年及最近一期的财务报表及科目余额表	审计报告扫描件，同时提供电子版财务报表、科目余额表，要明细至最末级科目，务必是反映企业真实经营情况的报表
7	企业前五大客户近两年的业务合同	扫描件

模块五　汽车租赁的金融服务

续表

序号	资料	说明
8	企业组织结构图（含分公司、子公司）	需注明各部门核心职能、人数等信息，电子版
9	企业股权结构图	向上追溯至自然人股东，电子版
10	车辆清单	包含厂商、车型、牌照号、车架号、采购时间、车身价格等信息
11	法人和财务负责人签字样本	原件
12	企业及实际控制人征信报告	由企业自行联系银行打印，原件
13	股东借款情况说明	如有，提供相应协议或股东决议等
14	固定资产权属证明或租赁合同	土地证和房产证，包括在建工程
15	现有借款合同、融资租赁合同及担保合同	如有，并正在执行，复印件
16	车辆登记证	复印件
17	银行开户许可证	复印件
18	机构信用代码证	复印件
19	公司基本账户及主要结算账户最近6个月的银行对账单	复印件，有电子版的最好将电子版也提供
20	纳税申报表及完税证明	最近三年年末

（2）承租人是自然人的，提供身份证、户口本、银行卡和银行流水等资料。

2. 承租人资质审核

租赁公司对承租人实施项目审核的通过。审核项目主要涉及公司的工商登记资料、财务报表和银行贷款卡等。个人的项目含有户口本、身份证、工作证和收入情况证实等。以下为法人资质审核的主要信息渠道：

（1）国家企业信用信息公示系统（http：//www.gsxt.gov.cn/）可查阅工商公示资料信息登记信息内容、股份出质登记信息内容、政府行政罚款信息内容、营业异常信息内容、企业重大违规信息内容、司法协助公示信息内容、企业股份变更及冻结信息内容等。

（2）中国人民银行动产融资统一登记公示系统（http：//www.zhongdengwang.org.cn/）可查询企业征信报告。

（3）中国裁判文书网（http：//www.court.gov.cn/zgcpwsw/sx/ms/）可查询企业所涉及的法律诉讼。

（4）中国执行信息公开网（http：//zxgk.court.gov.cn/）、国家企业信用信息公示系统可查询企业在执行诉讼的相关信息以及企业有关信用信息。

3. 合同、协议签订

汽车融资租赁业务涉及的合同和协议有主合同和辅助合同（协议）两类。

（1）主合同。

1）融资租赁合同。明确租赁公司与承租人的所有权利、义务及融资租赁的所有具体内容，如租赁的物品、租金标准、租期和租金交纳方法等。

2）车辆购销合同。租赁公司与汽车供货商签订了汽车购销合同，采购汽车与融资租赁合同中租赁标的必须相同。

（2）辅助合同（协议）。

1）抵押合同。在遇到汽车租赁公司无法在当地上牌登记，或者承租人有特殊需求（如出租车公司、驾校、政府机关等）的状况下，租赁公司会给租赁车辆以承租人牌照注册登记。为了进一步确保租赁公司债权得以实现，租赁公司将与承租人签订抵押合同，抵押物为租赁车辆，抵押担保的内容包括租赁本金总额、利息、罚息、违约金、损害赔偿金以及租赁公司为实现债权所承担的其他费用。

2）担保合同。担保合同是指在承租人不能按时交租金时，与承租人有关系的担保方代其缴纳租金的合同。

3）程序性合同和协议。为了保证融资租赁合同正常履行，租赁双方签订在租赁业务过程中某一环节双方权责的有关协议，如代扣授权协议、应收租金债权转让协议、提前放款承诺协议、三方挂靠协议等。

4. 合同履行

合同、协议生效后，租赁公司向供应商支付货款，供应商向租赁公司提交车辆发票及提货单据；租赁公司凭供应商提供的资料向车辆管理部门进行办理牌证和登记的手续。如果是售后回租，车辆登记在承租人名下，则同时办理车辆抵押给租赁公司的抵押登记，租赁公司按合同约定向承租人交付车辆，承租方以租赁公司为受益人按合同约定向保险公司投保车辆相关保险，保险项目可包括车辆损失险、交强险、第三者责任险、车上人员责任险、车身划痕损失险等。承租人按合同规定向租赁公司支付租金。

5. 合同终止

（1）合同到期租金结清后，首先进行车辆抵押登记或取消抵押权记录，并改变承租人为保险公司的第一个受益人。

（2）向承租人移交车辆登记证、备用钥匙等。

（3）将该项合同的各类档案、台账转入存档状态。

二、汽车租赁合同的主要内容

合同是汽车租赁业务中的重要环节，除短期租赁外，通常需要双方对合同条款进行协商，以确定包括价格在内的双方权利和义务。汽车租赁合同执行的内容多，履行的时间长，为了保证汽车租赁业务的正常进行，业务人员必须严格按照标准处理与汽车租赁合同相关的业务。因此，汽车租赁合同是汽车租赁业务的基础。

除《中华人民共和国民法典》中租赁合同规定的主要内容外，汽车租赁合同还有以下内容。

(一)出租、租赁双方权利和义务

出租人与承租人的权利和义务、服务内容已构成各方公认的约定俗成的稳定模式，出租人要为租赁车辆投保第三者责任险、车损险和车上人员责任险等，负责租赁车辆的维修、维护、年检、各种税费的缴纳等，还包括免费救援、保险索赔等服务。其中规模较大、具有完整规章制度的租赁公司，还帮忙处理租赁人把汽车钥匙锁在车上等类型的问题，并许诺将为承租人进行全面售后服务，承租人除了遵纪守法地驾驶、加油、缴纳租金外，无须担心任何问题。当然，承租人也不能损害出租人对租赁车辆的所有权，需承担因人为原因造成的损失及车辆发生意外时保险免赔部分的损失。以上内容，针对不同的出租人描述的情形也各不相同，但都不会脱离双方签署的合同，以清晰可进行度量的方式确定，从而确保汽车租赁过程中双方的合法权益。在权利和义务方面，汽车租赁合同具有如下特征。

动画：什么是共享
出行服务

(1)信用原则。汽车租赁是信用消费，即承租人保证仅获得车辆的使用权而非所有权。作为对信用的保障措施，汽车租赁合同规定承租人需提供真实的信用信息，包括涉及个人隐私的身份信息，这是承租人应当承担的义务，同样，汽车租赁企业也有保守承租人信息的义务。

(2)告知义务。由于客户在车辆技术状况、价格构成等信息掌握方面处于劣势，因此汽车租赁与其他交易相比，在合同中突出了出租人的告知义务，即汽车租赁企业应当向承租人提供有关车辆使用注意事项、救援电话等内容的手册。

(3)风险分担原则。因为承租人租用汽车期间产生的经营风险系数较高，所以汽车租赁企业为租赁车辆投保尽可能多的险种和尽可能高的保额是非常必要的。但部分租赁企业想到成本的问题，一般通过自保的方法承担租赁车辆的相关经营风险。因此，不管公司是否给租赁车辆上保险，汽车租赁合同中都要规定风险分担原则，并明确规定各自承担风险的类型和比率。

(二)承租人、担保人信息资料

汽车租赁承租人、担保人之间的个人信息资料是汽车租赁合同的最重要内容之一。个人信息资料包含承租人、担保人的姓名、法定地址、住所地址、联系电话(固定电话、移动电话)等详细内容。当承租人是法人时，承办者的有关个人信息也应出现在合同中。其中，承租人、承办人身份证明的有关证件的复印件也是信息资料的重要组成部分。在签订租赁合同时，出租人应核实承租人信息的真实性和承办人与承租人委托关系的合法性。

(三)租赁车辆交接单

汽车租赁交易由于具有租赁物转移的特征，因此需要在租赁合同中写明出租方租赁方在签订合同时租赁物的物理特征和状况，而合同的这些内容称为车辆交接单。车辆交接单里面的内容主要有车型、车辆牌号、车辆发动机号、车架号及车辆外表等。在车辆平面示意图的相应位置，用不同字符标记车辆的实际状况，从而更加准确、直观地记录车辆外观状况。出租人、承租人在交接车辆时应严格核查车辆交接单。

三、汽车租赁合同的类型和主要构成

(一)合同类型

1. 格式合同(标准合同)

格式合同是指由格式条款构成的合同,《中华人民共和国民法典》第四百九十六条规定:"格式条款是当事人为了重复使用而预先拟订,并在订立合同时未与对方协商的条款。"短期租赁基本会采用格式合同,但格式条款在以下三种情形下无效:

(1)提供格式条款的一方免除其责任、排除对方主要权利的。

(2)损害国家、集体或第三人利益,以合法形式掩盖非法目的,损害社会公共利益,违反法律、行政法规的强制性规定。

(3)造成对方人身伤害或者因故意或重大过失造成对方财产损失的免责条款。此外,法律还规定,当合同双方当事人对格式条款的理解有两种以上解释时,应当做出不利于提供格式条款一方的解释。

2. 定制合同(非标准合同)

对于长期租赁和有特殊需要的客户,租赁车辆的车型、租期、付款方式、服务内容等合同主要内容差异较大,汽车租赁企业要与客户进行谈判才能确定合同的主要内容,所以格式合同无法满足此类业务的需要。汽车租赁企业可以和客户按照订制服务的内容起草合同,也可以通过标准合同加补充合同的形式确定双方权利和义务。

另外,根据业务内容的不同,汽车租赁合同可分为长期租赁合同、短期租赁合同、带驾驶人租赁合同、婚车租赁合同和班车租赁合同等。

(二)汽车租赁合同的主要构成

完整的汽车租赁合同由汽车租赁合同文本及其附件(汽车租赁登记表、车辆交接单、车辆租用告知书、补充合同)组成。

1. 汽车租赁合同基本条款

(1)术语解释。合同应首先对合同中出现的主要概念和名称进行解释和说明,以避免因定义不清而产生分歧,如出租人、承租人、担保人、租赁车辆、租金、有效证件、设备等。

(2)通用条款。通用条款包括出租人的权利和义务、承租人的权利和义务、出租人的违约责任、承租人的违约责任、解除合同的条件等。汽车租赁企业如果不能按照约定进行问题修理、救援工作,承租人有权终止合同,出租人应返还租赁车辆停驶日期的租金并承担违约责任金。承租人需要延长租期,要在合约期满之前提交续租申请书,出租人也有权利选择是否继续续租。

(3)意外风险。双方约定意外风险责任的种类、汽车租赁企业承担风险赔偿的具体数额、赔付条件和方法等。

(4)费用及收费方式。费用及收费方式包括收费项目、收费标准和收费方法等。

(5)其他。其他内容包括承租人不能履行合同时的担保条款、合同出现争议后的解决办法等。

2. 汽车租赁登记表

各汽车租赁企业可根据企业具体情况设定汽车租赁登记表。表5-3为某企业汽车租赁登记表。

模块五 汽车租赁的金融服务

表 5-3　汽车租赁登记表

合同号：

承租方					
地址/住址					
电话		证件及号码			
出租方					
地址/住址					
电话		证件及号码			
驾驶员		驾驶证号码			联系电话
车牌号	车型	颜色	发动机号		车架号
起租时间	应归还时间		租期		租金支付时间
租金总额/元	保证金/元		预付租金/元		下次付款日
备注					
出租方经办人 （签章）： 日期			承租方经办人 （签章）： 日期		

3. 车辆交接单样式

表 5-4 为某企业车辆交接单。

表 5-4　车辆交接单

验车单基本信息 Basic Info								
门店 Shop			车辆型号 Model			车牌号码 Car License#		

发车及还车时的待检项目 Items								
项目 Item	发车时 Date & Time Out	还车时 Date & Time In	项目 Item	发车时 Date & Time Out	还车时 Date & Time In	项目 Item	发车时 Date & Time Out	还车时 Date & Time In
工具包 Tool Kit						车钥匙 Car Key		
千斤顶 Lifting Jack			汽车油量 Gasoline	0 —/16 1	0 —/16 1	行驶证 Driving Permit		
故障警示牌 Alert Sign						随车手册 Car User Manual		
备胎 Spare Tire			烟灰缸 Ashtray			GPS（编号） GPS（Ref#）		
灭火器 Fire Extinguisher			内饰（完好） Interior（intact）			儿童座椅（编号） Child Seat（Ref#）		
轮胎 Tires			座椅（完好） Seats（intact）					
油箱盖 Oil Tank Cap			脚垫（完好） Foot Mat（intact）					

发车 Departure　前 Front

还车 Return　前 Front

图例 Illustration	正常完好齐全 √：Intact	缺少 N：Scarce	划痕 —：Scratch	裂痕 ×：Crack	凹陷 ○：Sink	脱落 ●：Exfoliation	其他 ☆：Others

备注： Remarks				备注： Remarks			
发车公里数 Odometer Out		发车时间 Departure Time		还车公里数 Odometer In		还车时间 Return Time	
以上内容无异议，双方据此计算停运损失费、维修费等费用。 By signing below both parties agree to calculate cost of non—operation loss，repairs and other related charge based on information given above. 服务代表签字： Service Rep Sig 日期 Date		客户签字： Customer Sig 日期 Date		以上内容无异议，双方据此计算停运损失费、维修费等费用。 By signing below both parties agree to calculate cost of non—operation loss，repairs and other related charge based on information given above. 服务代表签字： Service Rep Sig 日期 Date		客户签字： Customer Sig 日期 Date	

4. 车辆租用告知书样式

以下内容是车辆租用告知书：

感谢您租用我司车辆。请您认真阅读租赁合同条款，从而全面掌握租赁合同的详细内容。

(1)我司向您提供的车辆(牌照号：_____)，行驶牌证齐全并在有效期内，车辆技术状况良好。已在国家交通运输监督管理机关备案，已向保险公司投保机动车交通事故强制保险、_____险和_____险。

(2)您驾驶的我司经营的车辆，如发生事故或行驶故障，请及时拨打我司的_____救援电话，方便及时展开救援并办理保险索赔。

(3)为了使您的合法权益有所保证，您租用的车辆请由租赁合同中所规定的驾驶人驾驶，并不得转借第三方使用，也不得私自改造车辆或安装其他附属设备，并严禁利用该车辆进行非法运营活动。在租用车辆期间出现的交通违法行为，恳请您及时进行查处，自觉承担法律责任。

(4)欢迎您对我们的服务进行监督并提出珍贵的整改意见。我司的监督投诉电话：_____。

安全驾驶须知，如图 5-3 所示。

1. 为了您与他人的交通行驶安全，驾驶人应严格遵守交通法律法规，自觉严格规范交通行为。

2. 驾驶出发前进行车辆安全状态检测，充分掌握、了解车辆性能、特征，并保证车辆制动、转向、电路、车轮、燃料、车容车况良好，警示标识、消防灭火器具等安全装置齐全有效，驾驶证、行驶证齐备。

3. 安全驾驶、文明礼让，听从交警指引，严禁驾驶"斗气车"。禁止疲劳驾车，连续行驶机动车 4 h 应停车休息最少 20 min；也禁止在开车时拨打或接听手提电话。

4. 按照道路交通指示牌、标线，以及交通车速限制指示牌、标线所注明的速度通行。在驾驶中保持匀速，不超速行驶、强行超车。经过没有道路交通信号灯、交通标志、道路指导线和交警指挥的交叉路口时，必须减速慢行，礼让行人和优先通行的车辆先行；行经山区公路时，不得超速行驶、强行超车、空挡下滑、疲劳驾驶。

5. 保持适当安全距离。当车辆速度达到 100 km/h 以上时，需和同车道的前方车间距离保持在 100 m 以上，并且要与大型客车、货车保持适当的安全间距，以防止在前车辆紧急制动时引起的追尾事故。

6. 恶劣气候小心行车。当遇到雾、雨、雪、沙尘、冰雹等极低能见度的气象情况时，需要开启照明灯、近光灯、示廓灯、前后位照明灯和危险报警闪光灯，并以合理的速度前进。

7. 禁止酒驾。酒驾属于严重违法行为，酒驾非常容易引起严重车祸。所以饮酒后还想进行驾驶机动车时，请谨记家人无时无刻不盼望您平安回家。

8. 如果您驾车出现了导致伤亡的事故，请及时拨打"122"报警电话。

图 5-3　安全驾驶须知

欢迎您对我们的服务加以监督并提出意见。

监督投诉电话：

救援电话：

保险理赔电话：

保险理赔手机电话：　　　　　　被告知人：　　　　　　告知人：

　　　　　　　　　　　　　　　（承租人签字盖章）　　　（租赁企业签字盖章）

　　　　　　　　　　　　　　　　　年　月　日　　　　　年　月　日

（本告知书一式两份，告知人、被告知人各持一份）

北京市交通委员会运输管理局 北京市公安局公安交通管理局 监制

一、明确任务

根据任课教师布置的学习任务，分小组了解汽车融资租赁的业务流程及操作，通过小组讨论展示学习成果，并进行组内和组间的自评与互评，接受指导教师的评价反馈。

二、制订实施计划

小组成员查阅学习教材及资料，并利用计算机、网络学习汽车融资租赁的业务流程及主要的操作性文件等知识。在教师的指导下完成任务：选取某品牌汽车融资租赁服务的工作情境，各小组成员团队合作，分角色扮演汽车租赁公司工作人员与客户，感受"任务情境"描述中的汽车租赁岗位的工作范围和内容，在教师的引导下完成任务。

评价反馈

教师设计考核评价表（表5-5），小组之间开展自评与互评；教师对各组任务的完成情况予以评价和鼓励。

表 5-5　考核评价表

序号	考核内容	分值	评分标准	自评	互评	师评
1	小组准备	10	小组分工明确、共同合作，有团队精神			
2	知识运用	30	能够根据学到的汽车租赁流程结合具体的汽车租赁企业品牌的要求，按照步骤为客户办理租赁业务，并填写相关资料，签订汽车租赁的合同文件			
3	成果展示与任务报告	20	能够根据所有的操作内容整理成篇，形成任务报告或汇报PPT，详尽有重点			
4	学习态度与课堂纪律	15	学习积极主动、态度认真、遵守教学秩序			
5	自主学习与动手能力	10	根据教师分布的任务，带着问题去思考，检索查阅各汽车租赁品牌租赁业务的操作流程，学习为客户办理汽车租赁的流程和各种操作文件的填写			
6	基本素养	15	团队协作共同完成任务，培养团队协作的精神和站在客户角度思考问题的客户服务理念			
总配分		100	总得分			
综合评价						

一、多项选择题

1. 承租人进行身份核实时,以下属于有效证件的是( )。
   A. 境内客户提供的中华人民共和国居民身份证
   B. 台湾客户提供的台胞证
   C. 外籍客户提供的护照、签证/居住证
   D. 忘带身份证件手写的保证书

2. 汽车融资租赁过程中明确规定租期结束后租赁物所有权归属的是( )。
   A. 汽车维修护理合同　　　　　　　B. 汽车购销合同
   C. 汽车融资租赁合同　　　　　　　D. 汽车保险合同

3. 租赁合同应包含( )。
   A. 汽车租赁合同基本条款　　　　　B. 汽车租赁登记表
   C. 车辆交接单　　　　　　　　　　D. 车辆租用告知书

4. 汽车融资租赁业务操作程序主要可分为( )、合同履行、合同结束。
   A. 承租人资料收集　　　　　　　　B. 合同、协议签订
   C. 投保车辆相关保险　　　　　　　D. 承租人资质审核

5. 在权利和义务方面,汽车租赁合同具有( )的特征。
   A. 信用原则　　　B. 告知义务原则　　　C. 风险分担原则　　　D. 公平原则

二、简答题

1. 简述汽车融资租赁业务的架构。
2. 汽车融资租赁业务流程中有哪些程序?
3. 简述汽车租赁合同的主要内容。

任务三　分析汽车融资租赁产品

　　假设客户王先生想在汽车租赁公司租一辆汽车用于日常出行,租期为2~3年,汽车租赁公司有三个租赁产品,经理让实习生李明认真学习和思考如何根据客户的需求

为客户推荐产品并完成此次任务，假如你是李明，该如何做？

知识目标

了解汽车租赁租金计算的方法及产品设计。

能力目标

熟悉汽车融资租赁产品，能根据顾客需求为其选择合适的产品。

素养目标

提高资金收益分析能力。

一、汽车融资租赁产品

目前，市场上常见的汽车融资租赁产品有以下几种。

（1）传统新车融资租赁：融资范围广，融资标的包含购置税、牌照费、保险、维修等；车型覆盖全，能够覆盖全品牌的所有车系，满足客户对不同车辆的需求。目前建元资本、先锋太盟、丰田租赁、平安租赁、国银租赁等都有相应的产品。

（2）二手车融资租赁：金融公司与国内二手车领域领先的检测、评估公司和二手车出售方合作，引进其专业的检测技术与定价机制，提供一揽子的二手车金融解决方案。融资租赁为二手车用户提供金融解决方案，弥补二手车市场金融服务的不足；为二手车提供流通渠道，提高二手车融资租赁的渗透率。

（3）开口融资租赁："开口"就是指消费者在租期结束后有选择权。消费者可以在较长租期（一般为1～3年）到期后，选择付完尾款拥有这台车，或直接把车辆交给租赁公司，再继续选择别的车辆租赁。具体来讲，在租期到期后，消费者有如下选择：归还车辆、延长租期、付尾款购买。目前，在国内二手车市场尚不成熟的情况下，推出开口融资租赁业务风险较高。相信随着二手车市场的完善和车辆数据信息服务体系的发展，这种能为消费者提供更多选择的产品也会更多地在中国出现。

（4）带残值的融资租赁："汽车残值"是指在规定的汽车合理使用年限之内，所剩余的使用价值。在国外，消费者换车的频率很高，他们往往把残值看作购车的第一考虑要素。如果选择带残值的融资租赁，每月所付的租金主要是由车辆贬值金额即折旧决定的，折旧是厂商建议零售价及其租期结束后车辆残值（Residual Value）之间的差额，即"车价－残值"是融资租赁成本的主要决定因素。残值越高，每月的租金成本将越低。带残值的融资租赁还可以将车险、购置税等进行打包融资。

带残值的融资租赁比不带残值的融资租赁和车贷的成本还要低，每月对现金流的压力更小，用户还可以根据自己对车辆的喜爱程度选择租赁的年限，更方便、快捷地体验不同车辆的驾驶感受。当然，影响汽车残值的因素很多，包括汽车品牌、新车价格、车辆品质、车辆认知度、后市场延续等因素，以及车辆更新换代的频率和速度等。

此外，车辆使用时间、行驶里程、驾驶习惯、保养水平及车辆是否发生过重大事故等，都是评估一辆车价值的重要因素。其中，车况是汽车残值的最主要决定因素之一。带残值的融资租赁可以带来这么多好处，但是残酷的现实是中国市场上"带残值的融资租赁"的产品非常少，主要原因是残值预测的风险、残值定价和租赁车辆退出机制不完善。因此，目前我国二手车市场的不成熟导致残值定价机制不完善，进而影响汽车租赁产品定价，使租赁产品较其他汽车金融产品而言尚未展现特殊的优势。

二、汽车金融租赁方案介绍

方案一：打包租赁方案举例

以车价、购置费、保险费、牌照费打包方式进行融资租赁，在合同期内每月等额交纳租金，期末不留高残值即合约到期后转让所有权。打包租赁方案例表见表5-6。

车价：1 000 000 元

购置税：85 470 元

牌照费：38 000 元

保险费：31 361 元/年(实际金额按实际年限查询)

手续费：总金额×1‰×年限

方案：0%首付，20%保证金

表5-6 打包租赁方案例表

总融资金额	1 154 831 元(1 年)	1 186 192 元(1.5 年)	1 186 192 元(2 年)
前期支出	242 515 元	255 031 元	260 962 元
月租金	101 450 元	71 753 元	55 605 元

备注：

(1)如果发生意外交通事故，赔付数额高于保险理赔金额的，超出部分由承租人支付。

(2)承租人需到出租人指定的维修公司进行车辆保养维护及修理，违反此规定保证金不予退还。

(3)承租人需主动承担车辆保养维护费用，修理维修费用高于保险公司理赔总额的，超出部分由承租人支付。

方案二：裸车租赁方案举例

仅对车价进行融资租赁，在合同期限内每月等额交纳租金，期末不留高残值即合同到期后转移所有权。裸车租赁方案例表见表5-7。

车价：1 000 000 元

购置税：85 470 元

牌照费：38 000 元

保险费：31 361 元/年(实际金额按实际年限查询)

手续费：总金额×1‰×年限

方案：0%首付，20%保证金

表 5-7　裸车租赁方案例表

总融资金额	1 000 000 元(1 年)	1 000 000 元(1.5 年)	1 000 000 元(2 年)
前期支出	364 831 元	401 192 元	406 192 元
月租金	87 856 元	60 488 元	46 877 元

备注：

(1)承租人需独自承担牌照费、购置税、保险费、公路费等其他费用。

(2)如发生意外交通事故，赔付金额超出保险公司理赔总额的，超出部分由承租人支付。

(3)承租人需到出租人指定的维修公司进行车辆保养维护及修理，违反此规定保证金不予退还。

(4)承租人需独自承担车辆保养维护费用，维修费用超出保险公司理赔总额的，超出部分由承租人支付。

方案三：裸车租赁留残值方案举例

仅对车价进行融资租赁，在合同期内每月等额支付租金，期末留较高的残值，在合同期满后支付剩余残值转移所有权，或选择放弃所有权获取。裸车租赁留残值方案例表见表 5-8。

车价：1 000 000 元

购置税：85 470 元

牌照费：38 000 元

保险费：31 361 元/年(实际金额按实际年限查询)

手续费：总金额×1％×年限

方案：0%首付，20%保证金，残值 50%

表 5-8　裸车租赁留残值方案例表

总融资金额	1 000 000 元(1 年)	1 000 000 元(1.5 年)	1 000 000 元(2 年)
前期支出	364 831 元	401 192 元	406 192 元
月租金	46 458 元	32 529 元	25 573 元

备注：

(1)承租人需自行支付牌照费、购置税、保险费、公路费等费用。

(2)车辆年使用千米数为 3 万千米，超过规定千米数承租人按 2 元/千米另行支付。

(3)若发生意外交通事故，赔付金额超出保险公司理赔总额的，超出部分由承租人支付。

(4)承租人需到出租人指定的维修公司进行车辆保养维护及修理，违反此规定保证金不予退还。

(5)承租人需独自承担车辆保养维护费用，维修费用超出保险公司理赔总额的，超出部分由承租人支付。

(6)租赁到期承租人支付剩余 50％车款，出租人将租赁物过户给承租人，过户费用由承租人承担，出租人归还承租人剩余保证金。

(7)租赁到期承租人返还使用车辆，出租人返还承租人剩余的保证金。

三、汽车融资租赁租金计算

向客户提交融资租赁方案的核心是租金，租金根据客户需求和信用条件，确定利率、租期、租金支付类型等参数，输入相关函数或租金计算工具后即可生成。融资租赁租金计算首先要确定租金支付方式，即付款周期，前付或后付。然后根据利率与租金支付周期的时间单位一致原则，调整利率和租期参数。

(一)融资租赁租金支付方式

1. 月付、季付或其他

融资租赁方案灵活性比较大，主要表现在承租人在租金支付方式上有多种不同的选择方式，可按月支付租金，也可选择每季度、每半年或每年支付租金，有特殊需求的承租人也可与承租人协议制订符合自身状况的交租计划。

2. 先付和后付

汽车融资租赁业务中，承租人可以选择各计息期初交付租金，即先付；也可以选择各计息期末交付租金，即后付。

如承租人选择后付，则租期开始后经过一个计息期才交付第一笔租金，出租人在期初全额融资，按照全部融资金额收取利息。如承租人选择先付，则租期开始时就交付一笔租金，出租人融资金额相对减少，相应地向承租人收取的总租金也比后付少。

(二)融资租赁租金计算工具的使用

融资租赁企业大多根据企业需要，制作内置各种函数及设定相关逻辑的租金计算工具，表 5-9 为某融资租赁企业租金计算工具的租期定价参数界面。业务人员仅需选定融资租赁产品的类型，输入必要参数后，即可进行租金测算并生成融资租赁方案。

表 5-9　某融资租赁企业租金计算工具的租期定价参数界面

租期定价参数			◎直租	◎回租	◎保理
计息原则	30/360	租金偿还方式	后付	租金计算方式 等期	等额租金
日期参数					
起租日	2018/3/12	期限/月	24	付款周期/月	1
融资参数					
融资总额/元	100 000 000		11.40％	首付款/元	
保证金(返还)/元	20 000 000	资产余值/元		留购价款/元	
其他收入总额/元				末期未收回本金/元	

1. 输入参数

（1）租期定价参数。

1）融资租赁产品类型。可以选择直租、回租、保理三种融资租赁类型，这三种类型因为涉及税收、与其他金融产品的衔接，利率略有不同。

2）租金偿还方式。租金偿还方式即租金支付的时间点。先付：期初支付租金。后付：期末支付租金。

3）租金计算方式。其包括租金支付间隔和租金支付金额两个参数。

①租金支付间隔有等期、不等期两种，选择不等期，需要在工具中设定还款日期，工具根据内设公式分别计算出每期还款金额。

②租金支付金额分为等额租金（等额本息）、等额本金和不等额租金三种。如果选择等额租金、等额本金，工具内设函数即可自动计算出各期租金；如果选择不等额租金，则需要按照试算原则不断进行测试，找到最接近需要的数值。

（2）日期参数。

1）起租日。起租日必须按照日期格式输入起租日期。

2）期限。单位为月，如租期 2 年，则输入参数为 24。

3）付款周期。单位为月，即租金月付、季付、半年付，则输入参数分别为 1、3、6。

（3）融资参数。常用的融资参数为融资总额、首付款、保证金、其他收入总额、年利率（名义利率）。其中其他收入总额常见的形式是手续费、咨询费，通常只收取一项。

以融资 100 万元、保证金 20 万元、租期 2 年、年利率（名义利率）11.40％、月末付租金为例，分别输入主要参数。租金定价参数的输入框后有箭头，单击后出现参数选择下拉框，单击需要的参数，如等期、不等期并确定。同样地，在租金测算工具中确定日期参数、融资参数。

2. 租金试算

最重要的一步是在年利率参数框中输入不同利率进行租金试算，租金试算把握两个要素：一是租金金额是否能为客户接受；二是租金收益是否能为融资租赁公司所接受。输入利率参数后会得到表 5-10 显示的相关试算结果。

表 5-10　租期定价结果界面

租期定价结果		回收期	1.78 年
租金总额/元	1 123 050.48	整体 IRR	17.16％
总收益/元	123 050.48	租期 IRR	17.16％
租前息/元	—	不含其他收入 IRR	17.16％
利息总额/元	123 050.48	不含税 IRR	15.15％
其他收入总额/元	—	年化平息参考	7.68％
手续费/元	—	整体 XIRR	19.00％
咨询服务费/元	—	租期 XIRR	19.00％
无余值或留购价/元	—	不含其他收入 XIRR	19.00％

租期定价结果		回收期	1.78 年
首付款/元	—	不含税 XIRR	16.60%
保证金(返还)/元	200 000.00	常用 IRR	17.59%

其中表 5-10 左侧的租金总额、利息总额等是客户最关心的参数。表 5-10 右侧的各种参数是融资租赁公司最关心的参数。通常,仅将年化平息即费率提供给客户。通过上述试算,加上这笔融资的年利率(名义利率),得到的核心参数如下:

(1)年利率(名义利率):11.40%。

(2)IRR(实际利率):17.59%。

(3)年化平息(费率):7.68%。

(4)回收周期:1.78 年,指 1.78 年后融资总额 100 万元收回。

3. 生成融资租赁方案

通过与客户的反复沟通,确定在年利率参数框中输入 11.40% 后生成的融资租赁方案能为客户、融资租赁公司双方接受,则可以把工具生成的另一个表的部分内容作为租金支付表提供给客户,租金支付表(表 5-11)包括还款日期、租金金额及每期利息、本金。因此,一个包括融资租赁成本、租金支付表的融资租赁方案就完成了。

表 5-11　租金支付表

期次	还款日期	租金金额/元	利息金额/元	本金金额/元	未收回本金/元	现金流量/元
0	2018/03/12		—	—	1 000 000.00	800 000.00
1	2018/04/12	46 793.77	9 500.00	37 293.77	962 706.23	46 793.77
2	2018/05/12	46 793.77	9 145.71	37 648.06	925 058.17	46 793.77
3	2018/06/12	46 793.77	8 788.05	38 005.72	887 052.45	46 793.77
4	2018/07/12	46 793.77	8 427.00	38 366.77	848 685.68	46 793.77
5	2018/08/12	46 793.77	8 062.51	38 731.26	809 954.42	46 793.77
6	2018/09/12	46 793.77	7 694.57	39 099.20	770 855.22	46 793.77
7	2018/10/12	46 793.77	7 323.12	39 470.65	731 384.57	46 793.77
8	2018/11/12	46 793.77	6 948.15	39 845.62	691 538.95	48 793.77
9	2018/12/12	46 793.77	6 569.62	40 224.15	651 314.80	46 793.77
10	2019/01/12	46 793.77	6 187.49	40 606.28	610 708.52	46 793.77
11	2019/02/12	46 793.77	5 801.73	40 992.04	569 716.48	46 793.77
12	2019/03/12	46 793.77	5 412.31	41 381.46	528 335.02	46 793.77
13	2019/04/12	46 793.77	5 019.18	41 774.59	486 560.43	46 793.77
14	2019/05/12	46 793.77	4 622.32	42 171.45	444 388.98	46 793.77
15	2019/06/12	46 793.77	4 221.70	42 572.07	401 816.91	46 793.77
16	2019/07/12	46 793.77	3 817.26	42 976.51	358 840.40	46 793.77
17	2019/08/12	46 793.77	3 408.98	43 384.79	315 455.61	46 793.77

续表

期次	还款日期	租金金额/元	利息金额/元	本金金额/元	未收回本金/元	现金流量/元
18	2019/09/12	46 793.77	2 996.83	43 796.94	271 658.67	46 793.77
19	2019/10/12	46 793.77	2 580.76	44 213.01	227 445.66	46 793.77
20	2019/11/12	46 793.77	2 160.73	44 633.04	182 812.62	46 793.77
21	2019/12/12	46 793.77	1 736.72	45 057.05	137 755.57	46 793.77
22	2020/01/12	46 793.77	1 308.68	45 455.09	92 270.48	46 793.77
23	2020/02/12	46 793.77	876.57	45 917.20	46 353.28	46 793.77
24	2020/03/12	46 793.77	440.49	46 353.28	0.00	153 206.26

四、汽车融资租赁收益分析

汽车融资租赁出租人将未来租金收入折现至期初，得到的金额称为租金现值，现值也可以理解为扣除了融资利息的当期收入或当期回收的本金。将未来租金收入折现的折现率，是出租人资金成本率。资金成本是出租人为筹集和使用资金而付出的代价，也是出租人在融资租赁过程中的主要成本。资金成本率大小由资金来源确定，如果出租人资金来源于银行贷款，则资金成本率为银行贷款的利息。融资租赁利润＝租金现值－融资金额。

利用现值函数 PV 核算融资租赁利润的原理是将各期租金折现，这个折现值之和与期初的融资金额之差就是利润。在实际操作中，汽车融资租赁公司经常通过计算机软件或金融计算器内置 PV 函数计算等额本息租赁情况下的租金现值。

PV 函数——PV（Rate、Nper、PMT、FV、Type）——涉及资金成本率、计息期总数、租金金额、尾款金额和先付或后付的租金支付方式，各变量与函数要素的对应情况如下：

Rate——资金成本率。每个计息周期的资金成本率。

Nper——计息期数。如租期为 1 年，按月计息，则 Nper＝12。同样地，租期为 1 年，如果按季度计息，则 Nper＝4。

PMT——单期租金金额，如每期租金为 100 元，则此处 PMT＝－100 元。

FV——尾款金额，如尾款为 200 元，则此处 FV＝－200 元。

Type——0 或 1。若先付，则 Type＝1；若后付，则 Type＝0。

在计算过程中，确定几个变量的数据，填入相应位置，就可得出租金现值。

如融资金额为 10 万元，租期为 2 年，利率为 10％，支付方式为季后付。为降低每期支付的租金金额，客户选择期初先支付融资金额 30％ 的首付款，期末再留融资额的 30％ 作为尾款，用 PMT 函数计算出每期租金为 6 329 元。如出租人用银行贷款购车租给客户，资金成本率为银行提供的贷款利率 8％，则相关数据计算如下：

Rate＝利率/4＝8％/4

Nper＝2×4＝8

PMT＝－6 329 元

FV＝－30 000 元

Type＝0

若使用 Microsoft Excel 软件，按如下步骤操作：

（1）选择任意单元格，然后单击图 5-4 中最上栏中的"*fx*"，出现"插入函数"对话框，单击 PV 函数，如图 5-4 所示。

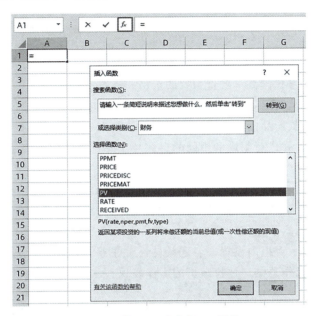

图 5-4　在 Excel 中选择 PV 函数

（2）在弹出的"函数参数"对话框中输入相应数据，单击"确定"按钮就可以计算出答案，如图 5-5 所示。

图 5-5　在"函数参数"对话框中输入相应数据

最终计算出租金现值约为 71 968 元。

出租人实现当期利润＝租金现值－（融资金额－首付款）

＝71 968 元－（100 000－30 000）元＝1 968 元

利润率＝利润/成本＝1 968/（100 000－30 000）×100％＝2.8％

一、明确任务

（1）分组查阅学习我国汽车融资租赁的价格和方案设计。

（2）根据教师所给资料，了解客户王先生的用车需求及具体情况。

（3）分析公司三款产品的特点及王先生的具体情况，最终给出推荐的方案及推荐理由，展示学习成果，并进行组内和组间的自评与互评，接受指导教师的评价反馈。

二、制订实施计划

（1）小组成员分工：将全班同学分成六组，每个小组成员具体分工，查阅资料，分析比较各方案及进行竞品比较。

（2）进行小组展示：组内设置一名记录员，对任务的过程进行文字要点记录；组长负责撰写本小组的工作总结，评价组员的工作表现。

教师设计考核评价表（表 5-12），小组之间开展自评与互评；教师对各组任务的完成情况予以评价和鼓励。

表 5-12 考核评价表

序号	考核内容	分值	评分标准	自评	互评	师评
1	小组准备	10	小组分工明确、共同合作，有团队精神			
2	知识运用	30	学习市场上常见的汽车融资租赁产品，以及汽车金融租赁租金及收益的计算和不同租赁方案的分析，有一定的信息检索和分析能力			
3	成果展示与任务报告	20	能够根据所搜索的案例及资料进行详细的阐述并提出看法			
4	学习态度与课堂纪律	15	学习积极主动、态度认真、遵守教学秩序			

序号	考核内容	分值	评分标准	自评	互评	师评
5	自主学习与动手能力	10	根据老师分布的任务，带着问题去思考，去检索所需知识，分析并制作PPT汇报			
6	基本素养	15	培养资金收益分析能力			
总配分		100	总得分			
综合评价						

巩固提升

一、单项选择题

1. 汽车融资租赁过程中，如承租人选择（　　），则租期开始后经过一个计息期才交付第一笔租金，出租人在期初全额融资，按照全部融资金额收取利息。

A. 季付　　　　　　B. 月付　　　　　　C. 先付　　　　　　D. 后付

2. 下列对于利润的计算方法，正确的是（　　）。

A. 利润＝租金收入－成本

B. 利润＝租金收入＋退役车辆销售收入＋其他营业收入－支出

C. 利润＝租金收入＋退役车辆销售收入－（成本＋费用）

D. 利润＝租金收入＋退役车辆销售收入－费用

二、多项选择题

1. 市场上常见的汽车融资租赁产品有（　　）。

A. 传统新车融资租赁　　　　　　B. 二手车融资租赁

C. 开口融资租赁　　　　　　　　D. 带残值的融资租赁

2. 汽车租赁成本中，最大的三项费用是（　　）。

A. 车辆折旧费　　　　　　　　　B. 车辆调度费

C. 车辆保险费　　　　　　　　　D. 车辆维修维护费

3. 汽车租赁的利润受（　　）因素直接影响。

A. 汽车使用年限　　　　　　　　B. 租金收入

C. 退出营运后租赁车辆残值收入　D. 运营成本

三、简答题

1. 汽车融资租赁产品有哪些类型？分别有什么特点？

2. 简述汽车融资租赁的租金支付方式。

3. 汽车融资租赁收益分析需要考虑哪些因素的影响？

任务四　控制汽车租赁风险及案例

任务情境

　　李明在汽车租赁公司实习期间，经理一直在给他讲租赁企业的风险防范的重要性。实习期满，经理希望他认真总结我国汽车租赁企业的风险防范方面的知识和最新政策，为公司的员工做一次知识讲座。假如你是李明，将如何完成此次任务？

学习目标

知识目标
了解汽车租赁风险的产生、防范措施和规避方法。

能力目标
能够理解汽车租赁风险产生的主要原因。

素养目标
增强风险意识和防范风险的职业敏锐性。

学习准备

　　任何行业都会有经营风险，汽车租赁行业是一个经营风险相当高的行业，其风险主要是车辆失控和租金流失。尽管如此，仍然可以通过前端的信用审核、贯穿全过程的风险控制、最后的法律事务善后，尽最大可能降低汽车租赁的经营风险。

一、形成汽车租赁风险的主要原因

1. 维护出租人权益的法律环境不健全

　　在中国，尽管各种法律、法规对机动车辆产权的转让、质押等均有相应规定，但关于租赁公司租赁物的权益却缺乏专门规定，而且执法机关通常对所谓"善意取得"较难确定，从而不能合理保护被害方的权益，产生了骗车销赃的犯罪行为，最终造成了汽车租赁的高风险。

　　在欧美国家及地区，承租人可以采用最简单的法律处理程序，只要向法官提交租赁合同、承租人三个月以上不缴纳租金的证据，法院当场就可以发布行政指令，相关机关帮助归还租赁物。在普通法系国家，如美国、英国、加拿大，法律上许可租赁公司在承租人不遵守约定时，可以以非暴力和合法手段自主收回租赁物。

2. 信用体系缺失

　　目前，中国的汽车诚信体系还不是很健全，缺乏管理汽车租赁风险的汽车诚信管理系统。由中国人民银行组织各商业银行共同建设的我国统一的企业和个人信用信息基础数据库已实行全国联网，该信息系统是一个我国统一的企业和个人信用信息的基

本信息库。在个人数据领域，该数据库的信息内容涵盖所有借款人和信用卡持有者的基本信息和信贷信息，还将采集公安部门、社会保障部门、公积金管理部门的有关信息内容。但该系统有非常严格的使用限制，在很长的一段时间内汽车租赁公司还无法使用其信息资源作为风险有效管理手段。目前，汽车租赁公司对客户的信用评估，往往只能通过核实客户所提供的户口本、身份证、营业执照等最基本的技术手段，风险防范的技术漏洞也很大。

美国有许多专门从事征信、信用评级、商账追收、信用管理等业务的信用中介服务机构，如美国有 1 000 多家当地或地区的信用局（Credit Bureau），这些信用局构成覆盖全国的信用服务体系和数据库，任何一笔消费及信用卡信息都可以通过刷卡系统联网自动进入信用系统的信息库。美国的诚信体系相当严谨且合理，就连最微小的违法行为，如乘车逃票等都有机会被录入美国个人信用数据库中，从而直接影响其包含退休金在内的个人生活水平。在这样的诚信制度下，车辆被诈骗的风险也自然较少。

二、汽车租赁风险种类

汽车租赁的主要风险有车辆在租赁中失控、车辆被盗、拖欠租金。

1. 车辆在租赁中失控

最难防范的风险主要有以下两种情况。

（1）承租人使用真实身份租车，因公司经营不当个人经济出现问题或由于赌博等因素，将车抵押或转租给他人，或者因与他人出现争执，车辆被第三方扣留。另外，由于承租人长期不缴纳租金，租赁公司没有按时让其归还车辆且解除协议，导致承租人需要缴纳的租金数额非常大，有些承租人没有能力偿还，就会采取一躲了之的方法。

（2）部分承租人恶意租车，目的就是骗取租赁车辆后进行非法倒卖、抵押车辆从而获取利益。此类罪犯有时采取虚构手段，制造假身份，案件处理困难重重。随着人户分离状况的增加，按户口本的地址查找承租人的难度也越来越大，加上以个人真实身份租车为诈骗定罪也增加了非常大的困难，使以个人真实身份租车进行诈骗的现象有不断增加的势头。

2. 车辆被盗

所租赁的车辆在承租人租用期间因疏于管理（大多数情况下根本无法获得相应凭证），在正常使用或停放时不见了。或者是承租人监守自盗，如某租赁企业对承租人交回的丢失车辆车钥匙实行痕迹识别，就算找到该车钥匙有被复制过的痕迹，但这一证实也不可以直接给承租人进行任何的判定。但其实对汽车租赁公司来说，这并不是不可以规避的经营风险，解决这个问题的方式有给车辆购买盗抢险或安装车辆防盗装置。当下租赁车辆盗抢险保险费率为车辆价值的 1%，所以对于桑塔纳等容易被偷盗的车型，保险公司可能会进行综合考虑，提高一定的保费或拒绝承保。除机械式防盗锁外，如 GPS、GSM 等电子防盗装置的防盗功能技术已经非常成熟，安装和使用费用和盗抢险费用其实差不多。

3. 拖欠租金

当承租人出现拖欠租金的频率越来越多、拖欠日期越来越久的趋势时，汽车租赁

公司应立即解除合同，要求承租人归还车辆。正常来说，承租人拖欠租金超过两个月将非常危急，如果不采取适当措施，拖欠租金的情况极大可能会演变为车辆失控。

三、汽车风险防范措施

（1）签订合同前的风险防范措施。

1）会员管理。签订合同前的风险防范措施就是预先对客户进行信用审核和评估：

①客户租赁车辆的目的是否合理，是否有能力支付租金。

②客户是否具有稳固的社会和经济地位，主要从客户的岗位、就业单位、居住环境、年纪及婚育状况加以确定。

③客户是否可提供信用破产时的担保，如财产担保或第三方担保等。

审核的主要方法就是对客户所提供的资料进行核实及复核资料的真实性，为了防止万一，还可进行上门核对。如遇到信用特征良好的客户，像知名人士，或者在政府、大型金融机构、公检法机关工作的人员，可适当精简审核过程和手续。

会员管理不仅是一项有效的风险管理手法，还是汽车租赁公司重要的市场营销手法，在公司提高汽车租赁利润的"收益管理"理论中，会员制是建立"价格藩篱"的有效办法之一。

2）利用相对完善的信用体系。汽车租赁企业的信用体系毕竟有很多局限性，随着我国信用体系的发展、完善，利用社会信用体系、银行信用体系，可以降低汽车租赁企业信用管理成本，提高信用管理的功效。

（2）签订合同时的风险防范措施。签订合同时的风险防范措施比较薄弱，主要依据客户提供的有关证件等有限资料，在有限的时间内按照业务程序对客户的信用情况进行审核，其判断的准确性常依赖于负责客户资格审核的业务人员的工作能力。业务人员应当加强对证件识别能力的训练。在与客户接触时，尽可能与客户交谈以获得对方更多的信息，通过对这些信息的综合分析，对客户信用情况及其资料的真伪做出判断，因此，业务人员拥有较丰富的社会知识和宽阔的知识视野是十分重要的。

（3）合同履行中的风险防范措施。车辆失控、车辆被盗、拖欠租金等风险大多是在车辆租赁过程中发生的，采取如下措施可以减少风险。

①定期与承租方接触。对于长租客户，除定期收取租金外，应设法采取各种方式定期与承租人接触，如上门服务、征求意见等。反之，承租人可能觉得汽车租赁企业对车辆疏于管理，继而对租赁车辆产生不良企图。特别是对于将租赁车辆开往外地的承租人，应严格审核，避免租赁车辆长期在外地，处于无法控制的状况。

②定期检查和更换防盗装置。租赁车辆的防盗装置应定期检查或更换，GPS等电子防盗装置应保证运行可靠。

③随时注意交款情况。随时注意承租人的交款情况，如多次出现迟交租金的情况，应考虑终止合同，以免损失扩大。当出现交款异常时，应采取恰当方式，到承租人处了解情况，及时掌握对方行踪。在催收应付租金时，应向承租人下发书面通知书，作为日后起诉承租人违约的证据之一；收取支票时，应注意是否有证签模糊等违反银行票证管理规定的地方，防止承租人借机拖延支付。

一般的汽车租赁合同都在承租人违约责任中有这类规定："承租人有下列行为的，出租人有权解除合同并收回租赁车辆：提供虚假信息；租赁车辆被转卖、抵押、质押、转借、转租或确有证据证明存在上述危险；拖欠租金或其他费用。"这为汽车租赁企业在面临风险时，采取相应措施、保护自身利益提供了法律依据。在采取措施之前，应首先向承租人发出合同终止通知书。

如果承租人合同期满后仍未退还车辆，汽车租赁企业应向承租人发出合同终止通知书，以防止承租人利用《中华人民共和国民法典》第七百三十四条规定"租赁期限届满，承租人继续使用租赁物，出租人没有提出异议的，原租赁合同继续有效，但租赁期限为不定期"推脱违法责任。

（4）善后处理。

①车辆失控。确认车辆失控后应尽快寻找承租人及相关人员和车辆的下落，整理、收集租赁合同、收款通知书等证据。如汽车租赁企业自行收回车辆和欠款失败，承租人行为属于刑事犯罪的，可向公安机关报案，寻求协助；不属于刑事案件的，可向法院起诉。除合同规定的租金外，可追加车辆失控期间租金的赔偿。

②车辆被盗。应立即协同承租人到当地派出所报案，汽车租赁企业同时通知保险公司。公安部门立案后进入侦查程序，如果3个月后未能破案，公安机关向汽车租赁企业发出《车辆被盗证明》，企业凭此证明向保险公司办理索赔手续。注意必须向承租人收回被盗车辆的车钥匙，交给保险公司。

③拖欠租金。通常情况下，汽车租赁企业应在合同履行期间根据承租人拖欠租金情况，随时终止合同，以及早收回租赁车辆为首要目标，降低由拖欠租金转为车辆失控的风险，避免遭受更大损失的风险。如承租人确有可执行的财产价值，可向法院起诉承租人支付拖欠租金和利息。如发现承租人有其他违法犯罪行为，应及时向公安部门报告。

四、内部风险控制

内部风险是指个别业务员利用业务程序和管理制度的漏洞，在工作中谋取不法利益致使企业面临的风险。这类风险主要是侵吞营业款、私用租赁车辆，由于是业务员所为，因此手段隐蔽，比较难察觉。

（1）常见的非法侵害企业利益的方式。

①现金交易中侵吞钱款。现金交易中侵吞钱款的机会比较多，常见的有以下三种情况：业务员给客户开具收款凭证后销毁记账联，然后私吞钱款；业务员不开收款凭证，直接收取客户钱款并私吞；业务员多收钱款而在收款凭证上少写，私吞差额。

②信用卡交易中侵吞钱款。虽然信用卡业务中不接触现金，但业务员仍有机会侵吞钱款。主要有两种方法：一种是在客户信用卡上多加数额，然后把刷卡单据的入账联的金额涂改为应收租金的数额，并从现金库中将多收部分的现金拿走；另一种是重复刷卡，即趁客户不备，重复刷信用卡，然后从现金库中拿走重复刷卡金额的现金，并用信用卡凭证抵账。

③租车不入账。与客户勾结，将不是待租状况的车辆低价出租，因为车辆没有进

入待租业务程序，系统对该车不计价收费，业务员可将租金私吞而不被察觉。

④私自使用租赁车辆。业务员解除车辆的监控，私自使用租赁车辆。

（2）主要防范措施。

①管理制度。制定严格、完善的管理制度，特别是现金收付、登记等财务管理制度，如营业结束后应当2人以上共同清点现金、对账。

②结算方式。尽量使用信用卡结算，不接受现金支付租车费用，减少现金流通环节。

③审核异常情况。出现现金不符、调整账务等问题，很可能是员工舞弊的征兆或机会，因此应加强对异常情况的审核。对于现金与记账不符的情况，无论是短缺或溢出，都应找出现金与记账不符的原因；尽可能减少调账，避免因客户原因或企业原因取消订单而退还已付租金产生的调账，更应杜绝因业务员错误造成的调账。

④严格执行车辆监控制度。多数汽车租赁业务软件具有租赁车辆状态与GPS绑定的功能，即待租车辆被锁定，如果移动范围超出所属营业门店，GPS监控则会发出位置异常报警。对于报警车辆，相关人员应核实是否被非法出租或业务员私用。

一、明确任务

（1）分组查阅学习我国关于汽车租赁的风险防范方面的相关政策及法律法规。

（2）分组查阅学习关于汽车租赁企业目前市场发展过程中面临的各种风险。

（3）查阅过程中可以结合所工作的城市情况或有代表性的城市情况进行了解，展示学习成果，并进行组内和组间的自评与互评，接受指导教师的评价反馈。

二、制订实施计划

（1）根据工作目标和实际任务，全班学生分成四人一小组，讨论制订完成任务的计划，明确小组成员的分工和各项任务安排，并利用计算机、网络进行相关资料的查阅、整理和分析。

（2）进行小组展示：组内设置一名记录员，对任务的过程进行文字要点记录；组长负责撰写本小组的总结分析报告。

教师设计考核评价表（表5-13），小组之间开展自评与互评；教师对各组任务的完成情况予以评价和鼓励。

表5-13　考核评价表

序号	考核内容	分值	评分标准	自评	互评	师评
1	小组准备	10	小组分工明确、共同合作，有团队精神			

序号	考核内容	分值	评分标准	自评	互评	师评
2	知识运用	30	学习汽车租赁风险产生的原因、汽车租赁风险的种类和汽车租赁风险的防范措施,有一定的信息检索和分析能力			
3	成果展示与任务报告	20	能够根据所搜索的资料进行详细的阐述并提出看法			
4	学习态度与课堂纪律	15	学习积极主动、态度认真、遵守教学秩序			
5	自主学习与动手能力	10	根据教师分布的任务,带着问题去思考,去检索所需知识,分析并制作PPT汇报			
6	基本素养	15	培养风险意识和防范风险的职业敏锐性			
总配分		100	总得分			
综合评价						

巩固提升

一、单项选择题

1. 汽车租赁的主要风险不包括(   )。

    A. 在租赁中失控   B. 车辆发生剐蹭   C. 车辆被盗   D. 拖欠租金

2. 关于汽车租赁风险的说法,正确的是(   )。

    A. 车辆在租赁中失控都是因为承租人付不起租金了

    B. 出现拖欠租金的情况时,应立即终止合同收回车辆

    C. 车辆被盗可能是内部人员监守自盗

    D. 承租人的转租行为不会增加汽车租赁企业的风险

3. 下列关于风险控制工作的说法中,错误的是(   )。

    A. 风险控制工作的重要性来自行业的高风险性,一旦风险无法制约,就会带来巨大损失

    B. 风险控制工作的策略性在于贸然行动容易错失良机

    C. 汽车租赁行业的高风险来自所有权与使用权分离且汽车具有高移动性与变现性

    D. 风险控制工作的策略性在于犹豫不决容易错失良机

二、多项选择题

1. 汽车租赁企业在防范汽车风险时，应做到（　　）。

    A. 汽车风险防范措施只需在合同履行期间进行即可

    B. 采取风险防范措施时，辨明情况，注意时机，避免贸然行动丢失客户

    C. 当第一次租车的个人客户表示想长期租车时，应婉拒并引导其选择短租方案

    D. 汽车风险防控的意识需贯穿在整个经营过程中

2. 内部风险是指个别业务员利用业务程序和管理制度的漏洞，在工作中谋取不法利益致使企业面临的风险，主要的防范措施有（　　）。

    A. 制定严格、完善的管理制度

    B. 优化结算方式，减少现金流通环节

    C. 加强审核异常情况

    D. 严格执行车辆监控制度

三、简答题

1. 简述形成汽车租赁风险的主要原因。

2. 汽车租赁风险有哪些种类？

3. 简述汽车租赁风险防范及控制的措施。

拓展阅读

模块六
汽车置换的金融服务

模块简介

据统计，2023年全国公安交管部门共办理汽车转让登记业务3 187万笔，连续第4年全国二手车交易登记量超过新车上牌量。随着我国汽车产业的迅速发展，我国汽车置换正在迎来一次市场的大爆发，通过本模块的学习，汽车金融服务顾问要掌握市场变化的趋势，学习汽车置换的服务流程，提供周到的置换服务。

🎖 任务一　完成汽车置换的业务流程

任务情境

外贸公司的刘先生决定将其荣威置换成新款帕萨特，如果王经理指派你负责此次刘先生车辆置换的工作，请按照王经理的要求，带领这位客户完成汽车置换中的手续办理，你将怎样做？

学习目标

知识目标

掌握汽车置换的业务流程及注意事项。

能力目标

能熟悉汽车置换的流程，会观察识别客户的真实需求，为客户提供贴心的置换服务。

素养目标

提高汽车置换服务的专业素养和树立为客户服务的理念。

学习准备

一、汽车置换概述

1. 汽车置换的概念

汽车置换的定义可分为狭义和广义，狭义是指以旧换新，即消费者用二手车重新评估的价格加上额外的车款，从汽车经销商处购买新车的业务，而汽车经销商利用收购二手车及销售新车获得利润。从广义上来看，汽车置换是在包括以旧换新业务的同时，融合了二手车翻新、跟踪服务、二手车再销售及折抵分期付款等项目的全套业务，进而形成的一种有机且独立的汽车营销方式。

视频：汽车置换
的概念

目前，汽车置换在全球各地都已成为最热门的汽车营销方法之一，利用"以旧换新"进行二手车贸易，促进二手车市场与新车市场的良性循环及协同发展。在一定程度上延伸了新车交易。品牌经销商通过"以旧换新"的方法带动新车的销量。

2. 汽车置换的业务类型

(1)以旧换新。采用以二手车置换新车的方式，降低消费者处理二手车的时间精力成本，从汽车经销商处一站式实现二手车卖出和新车买入两种行为。二手车以旧换新最大的优点就是节约了时间，但需要注意的是该业务不提供单一的二手车回收服务。

(2)置换新车、二手车回收。开展该业务的汽车经销商在进行置换新车服务的同时，也进行二手车回收服务，从而为出售二手车的客户创造一个新的交易平台。

(3)同品牌以旧换新。同品牌以旧换新是指一些汽车厂商为提高品牌的市场占有率，而提出用自身品牌的二手车置换同品牌新车时的折扣补贴等市场策略。

(4)多品牌置换某一品牌新车。二手车车主可以把手中各种品牌的二手车拿来置换成某一品牌的新车。对二手车车主而言，没有品牌的限制，减少了东奔西走的困难；对于二手车经营者而言，可以用一款新车同时换得各种品牌的二手车，丰富了二手车的库存。

(5)以旧换旧。采用现有的二手车直接置换另一辆二手车。不少人用年代久远的二手车换相对新的二手车。还有不少人喜欢体验多种汽车的感受，这种情况下，以旧换旧是相对划算的汽车置换方式。

3. 旧车置换的相关法规

可用于旧车置换的旧机动车必须符合如下规定：

(1)旧车须经公安交通管理机关申请临时检验，检验合格，在行驶证上签注检验合格记录，方可进行交易。

(2)军队转地方的退役车不满 2 年的，不能交易置换。

(3)距报废时间不足 1 年的，一律不能办理过户、转籍手续。

(4)延缓报废的旧车不准办理过户、转籍手续。

(5)旧车来历手续不明、不全，不能交易置换。

（6）走私、拼装等非法车，不能交易置换。

（7）华侨、港澳台同胞捐赠免税进口汽车，只限接受单位自用，不准转让或转卖（经海关审定同意者除外）。

（8）各种车辆证照不全（行驶证、营运证、牌照等），不能交易置换。

（9）各种规费不全（车辆购置税、车辆保险费、车辆使用税等），不能交易置换。

（10）没有车辆产权证明（机动车登记证书、购车发票、旧车交易凭证、具有法律效力的判决书、拍卖凭证及政府批文等），不能交易置换。

（11）凡伪造、仿冒、涂改文件（凭证、票据、证照）的，不但不能交易，还要扣车，转交有关部门查处。

（12）抵押车、封存车、海关免税期内及其他不准过户、不准转籍的车辆需由车主在相关管理部门办理解禁手续后，方可进行交易。

4. 旧车置换的价格咨询

作为旧车置换服务的提供者应随时了解行情，向消费者提供以下信息：

（1）新车价格。

（2）旧车交易价格。

（3）维修价格。

（4）维修工时定额及其工时价格。

（5）配件价格。

（6）价格变动指数。

（7）通货膨胀率。

（8）银行储蓄、借贷利率。

（9）各种税种和税率。

（10）各种险种和费用。

（11）交易费用。

（12）旧车交易的验证费、转籍过户费、牌证费、管理费等。

（13）鉴定估价费。

二、汽车置换的业务流程

目前，我国国内已有大量汽车品牌经销商开展汽车置换业务，如一汽大众、东风日产等。与单纯的新车销售比较而言，汽车置换流程更为复杂。汽车置换流程如图 6-1 所示。

1. 带好必备手续和工具

（1）车辆配件：千斤顶、套筒及三脚架、备胎、备用钥匙。

（2）车主手续：个人用车需带车主本人身份证，公车需提供车辆所属公司机构代码证复印件（加盖公章）。

（3）车辆手续：本地牌照、无违章未处理信息、机动车登记证、新车购车票/二手车交易发票（购车过户发票）。

2. 开始二手车评估

办理二手车辆交易流程及程序如图 6-2 所示

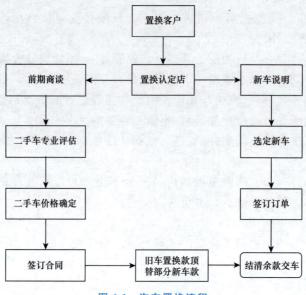

图 6-1 汽车置换流程

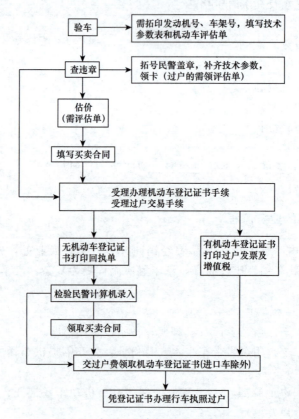

图 6-2 办理二手车辆交易流程及程序

（1）外观检查。该步骤中检查的外观，不仅是车辆的外部，还包括内饰、底盘等暴露在视野中的部位。评估师会根据外观细节确定车辆是否发生过交通事故，如从漆面的新旧程度、螺钉的使用程度可以判断车辆是否补过漆、钣金等。最关键的是发动机下部的大梁，如果大梁有过维修痕迹，就表明车辆肯定发生过较严重的事故，而这个情况下车辆4S店是不会接受的。

（2）日常维护。这一方面的评价主要依据车主提供的维护凭证，由此来证实车辆确实按时完成了各种保养，所以车主应当尽可能提供具体的汽车保养的单据，提供得越详尽，该项评价也会越高。建议车主平时尽量完整保存车辆维护的单据，在日后需要做二手车置换时用得到。另外，评估人员也会根据车内的清洁状况及细节方面来衡量车主在平时使用时对汽车是否爱惜，并在最后得出一项比较综合的评价。

（3）品牌知名度。以待置换车辆在市场中的汽车保有量、品牌的市场认可度（包括进口、合资、自主品牌三种）等方面为评估基准进行综合评估。

（4）车辆用途。车辆用途一般包括家用、公用、商业运营三类。按照不同类别给出不同分值，通常家用车得分会稍高，而公用和商业运营车辆使用的频率和强度会相对较高，因此分值会略低。

（5）车辆的使用环境。根据车辆使用的道路环境给出评分。例如，用作上下班代步工具时，使用环境多为城市道路；而常走长途的车辆则是高速道路或国道等居多。

（6）试车检查。评估师会实际驾车体验，并根据自身驾车感受给车辆各方面的表现打分。

（7）最终出价。通过综合上述各方面的评分结果，评估师会最终确定一个报价，整个评估环节基本完成。

3. 选购新车
二手车评估完成之后，客户可以挑选一款满意的新车，确定其价格。

4. 置换二手车的钱款直接抵冲新车车价
$$新车需交钱款＝新车价格－二手车评估价格$$

若二手车贷款尚未还清，可先由汽车经销商垫付还清贷款，该贷款费用作为新车所需交钱的款项后续由客户一同支付。

5. 办理手续最后提车，完成二手车置换
客户补足新车差价后，办理提车手续。过户应当注意车辆手续是否齐全，买车手续齐全将会减少不必要的费用；同样当客户再次置换汽车时，若手续齐全，价格也会适当提高。在双方签订二手车购销合同及置换协议后，由销售店代办二手车过户相关事宜，客户提供必要的协助和材料。

三、汽车置换的手续办理

1. 办理置换业务所要提交的证件
（1）车主身份证（单位车辆还应提供法人代码证书、介绍信等证件）或户口簿。
（2）机动车产权登记证。
（3）机动车行驶证。

（4）原始购车发票或前次过户发票。

（5）车辆置换表。

（6）车辆鉴定评估表。

（7）如直系亲属或亲兄弟、亲姐妹间置换，提供相应法律证明文件。

（8）旧机动车过户证明。

2. 车辆置换的申请文件

（1）车辆置换表（表 6-1）。

（2）车辆鉴定评估表。

表 6-1　车辆置换表

客户（公司名）		
联系地址		
邮政编码		
联系电话		
客户身份证（公司代码）		
车辆品牌		
车辆型号（配置号）		
车辆牌照		
VIN		
发动机编号		
发动机排量		
变速箱	手/自动	手/自动
行驶里程数		
颜色		
车辆出厂年月		
初次购车日期		
新车销售（旧车过户）发票号码		
新车销售/旧车收购价格		
付款方式	□旧车款折价加余款全部用现钞支付 □旧车款作为首付其余分期付款支付 □其他支付方式	

旧车卖主签名/日期：　　　新车买主签名/日期：

经销商代码：

经销商二手车经理签字：　　　申请日期：

3. 旧机动车交易中证件的识伪

机动车是高价商品，一方面违法者想要在其中找到突破口，并以此牟取暴利；另一方面若用户利益遭受损失，不但金额巨大，而且往往产生很多难以解决的后续问题。

（1）机动车号牌的识伪。一般对车辆号牌有四种识伪方法：一是看号牌的识伪标记；二是看号牌底漆的色泽深度；三是看白底色或白字体有无涂上反光材料；四是查看号牌是否按尺寸冲压边框以及文字上有无模糊不清等。

（2）机动车行驶证的识伪。我国对机动车行驶证的制作也有统一规范，机动车行驶证塑封套上有在紫光灯照射下显示的暗记，暗记形状不规则且与行驶证卡片上的图形相同。此外，机动车行驶证上还按规定粘贴机动车的彩色照片。因此，对机动车行驶证最好的识伪方式，首先是查看识伪标记；其次是查看车辆彩照与实际情况是否一致；最后将被查行驶证上的印刷字体字号、纸张、印刷品质与车辆管理机关核发的行驶证式样加以对比判断。一般来说，伪造行驶证纸张较差，印制品质模糊。

（3）车辆购置附加税缴纳凭证的识伪。对车辆购置附加税缴纳凭证的鉴定，一是以对比法加以判断；二是到征收部门检查。

（4）准运证的识伪。通常有以下鉴别方法：一是由当地市以上的工商行政管理部门、内贸管理部门或公安车辆管理部门认定；二是自己查找现行的由国家相关部门下发的"准运证"式样进行对比认定。我国国家机关发放的"准运证"式样是不定期更新的，因此检验时需注意"准运证"的时效性。

4. 车辆过户的办理程序

《机动车登记规定》规范了二手车交易过户、转籍登记行为，全国车辆管理部门在执行二手车交易相关法定程序时，因为各个地方情况不一，在具体实施时会按照实际情况而有所变动。下面以北京某品牌汽车公司旧车置换业务为例，将车辆过户登记办理程序介绍如下。

（1）办理旧车过户之前，某品牌汽车置换服务人员陪同原车主开着过户车辆，并带齐汽车证件到各区县相应的车管所办理《机动车登记证》，领取《机动车登记证》后才能进行过户手续的办理。

（2）过户前，原车主应消除已有的违章记录，按国家有关规定缴纳当年的税费，并按时通过机动车年检。

（3）旧机动车市场在车辆过户时采用经纪公司代理制，过户窗口并不直接受理消费者的申请。买卖双方在办理过户时相关证件应齐备且无违章记录，并把车辆开到交易市场，由某品牌汽车旧机动车经纪公司为其代办过户程序。验车、估价、打票当日就可完成。

（4）旧车收购合同的签订。根据车辆评估结果，参考当期价格中心《收购参考价目表》，依照收购人员具备的权限确定最高收购报价。若客户接受收购业务员的报价，则直接进入"签订收购合同"流程。最后，在双方自愿的前提下，友好地签订委托合同，并移交所有资料和物品，旧车收购流程也就完成了。旧车置换中的旧车收购，是双方在经过旧车鉴定估价、确定了旧车收购价后，由双方签订旧机动车买卖合同来实现的。旧机动车买卖合同的标准样式如下。

旧机动车买卖合同

签订时间： 年 月 日 合同编号：

买方： 卖方：

买卖双方经协商，达成本合同。

第一条 卖方依法出售具备以下条件的旧机动车

车主名称：

车辆品牌车型：

车架号：

证件种类： ，证件号码： ，证件有效期：

颜色： ，初次登记日期： 年 月， 发动机号：

最近年检的时间： 年 月。

第二条 车款及交验车

卖方向买方出售旧机动车的价格为＿＿＿＿＿＿＿＿（人民币大写）元。

买方应于＿＿＿＿年＿＿＿＿月＿＿＿＿日在＿＿＿＿＿＿（地点）同卖方当面验收车辆及审验相关文件，审验无误之日起＿＿＿＿＿＿日内向卖方支付车款的＿＿＿＿＿＿％，待办理完过户手续后再即时支付剩余车款，卖方应在收到第一笔车款后＿＿＿＿＿＿日内交付车辆及相关文件，并协助买方在15个工作日内办理完车辆过户、转籍手续。

车辆过户、转籍过程中发生的税、费负担方式：＿＿＿＿＿＿＿＿。

第三条 买卖双方的权利和义务

1. 卖方应提供以下相关文件：车辆行驶证、车辆购置费凭证、机动车登记证、税讫证明、车辆年检证明、销售旧机动车委托书等。

2. 卖方保证对出卖车辆享有所有权或处置权，而且该车符合国家有关规定，能够依法办理过户、转籍手续。

3. 卖方保证向买方提供的相关文件真实有效及其对车辆状况的陈述完整、真实，不存在隐瞒或虚假成分。

4. 买方应按照约定时间、地点与卖方当面验收车辆及审验相关文件，并按约定方式支付车款。

5. 卖方收取车款后，应开具合法、有效的收款凭证。

6. 买方应持有效证件与卖方共同办理车辆过户、转籍手续。

7. 车辆交付后办理过户、转籍过程中，因车辆使用发生的问题由使用者负责。

第四条 违约责任

1. 第三人对车辆具有主张权利并有确实证据的，卖方应承担由此给买方造成的一切损失。

2. 卖方未按照约定交付车辆或相关文件的应每日按车款＿＿＿＿＿＿％的标准支付违约金。

3. 因卖方原因致使车辆在约定期限内未能办理过户、转籍手续的，买方有权要求卖方返还车款并承担一切损失，因买方原因致使车辆在约定期限内不能办理过户、转籍手续的，卖方有权要求买方返还车辆并承担一切损失。

4. 买方未按照约定支付剩余车款的，卖方有权要求买方承担由此造成的一切损失。

第五条　合同争议的解决办法

本合同发生的争议，由双方协商或申请调解解决，协商或调解解决不成的，按下列方式解决（以下两种方式只能选择一种）：

1. 移交仲裁委员会仲裁。

2. 向有管辖权的人民法院起诉。

第六条　其他约定事项

本合同一式三份，买方一份，卖方一份，备档一份。本合同在双方签字盖章后生效。合同生效后，双方对合同内容的变更或补充应采取书面形式，作为本合同的附件。附件与本合同具有同等的法律效力。

买方（签章）：　　　　　　　　卖方（签章）：

地　址：　　　　　　　　　　　地　址：

电　话：　　　　　　　　　　　电　话：

证照号码：　　　　　　　　　　证照号码：

委托代理人：　　　　　　　　　委托代理人：

5. 旧车的保险处理

汽车置换中旧车的保险处理方式有以下两种。

(1)过户即变更受益人。过户也就是保单主体的变更。这一种方式非常简便，当车辆在车管所完成过户后，该二手车的新车主带着过户票、行驶证复印件、保单正本以及本人身份证和原保险人的身份证，到原保险公司填写过户申请表后，即可完成旧车保险的过户。

(2)申请退保。申请退保时仅需要缴纳从投保开始到退保期间的保费，而其他的费用保险公司会相应返还。退保完成之后，该二手车的新车主就可以到任意一家保险公司办理机动车辆保险。需要注意的是，原车主退保时所需资料除原保单外还需要身份证，而新车主再次购买车辆保险时，只需提供新行驶证或车辆过户证明即可。

注意：根据《交强险条例》中的有关条款，购买二手车之后，交强险原则上不允许退保。只有当二手车被卖到异地后，由新车主在当地再次缴纳一份交强险时，之前的交强险才可以退保。届时，新车主可以携带身份证明、行驶本、过户证明文件连同新补办的交强险保单到原车主的保险公司申请退保。

尽管交强险可以退保，但由于交强险"随车"不"随人"，因此最简便的办法是只办理车辆交强险变更手续，因为交强险在全国范围内均可使用。变更二手车交强险需要新车主携带身份证、原交强险保单、行驶证和过户证明到当地保险公司办理。

任务实施

一、明确任务

(1)根据学习任务分小组学习汽车置换需要的手续。

（2）根据客户刘先生的要求，为客户详细讲解办理手续所需的证件和要求。

（3）各小组在模拟工作情境下进行分角色扮演练习，展示学习成果，并进行组内和组间的自评与互评，接受指导教师的评价反馈。

二、制订实施计划

（1）全班分组和小组分工，小组成员查阅学习教材，并利用计算机、网络，在能描述汽车置换的各环节和所需手续的知识基础上，完成下列任务。

①提供汽车置换的咨询服务。

②描述办理二手车辆交易流程及程序。

（2）现场感受任务情境中汽车置换手续办理的业务工作氛围。各小组成员团队配合，分工分角色演示汽车置换的办理流程和程序，合作完成此次为客户刘先生办理旧车置换中的手续办理的任务。在教师的引导下，以小组为单位学习相关技能，并完成下列任务。

①正确描述汽车置换的办理流程和程序。

②正确描述汽车置换中的相关证件和手续。

汽车置换手续办理实践记录表，见表6-2。

表6-2　汽车置换手续办理实践记录表

班级		小组	
姓名		学号	
实践项目	汽车置换中的手续办理		
旧机动车税费缴纳情况			
车辆过户办理情况			

（3）组内设置一名记录员，对任务的过程进行文字要点记录；组长负责撰写本小组的工作总结。

评价反馈

教师设计考核评价表（表6-3），小组之间开展自评与互评；教师对各组任务的完成情况予以评价和鼓励。

表6-3　考核评价表

序号	考核内容	分值	评分标准	自评	互评	师评
1	小组准备	10	小组分工明确、共同合作，有团队精神			

序号	考核内容	分值	评分标准	自评	互评	师评
2	知识运用	30	提供汽车置换的咨询服务，正确描述汽车置换的办理流程，正确描述汽车置换中所需各种证件和办理的相关手续			
3	成果展示与任务报告	20	能够根据所掌握的知识为客户办理二手车置换手续并形成汇报PPT进行展示			
4	学习态度与课堂纪律	15	学习积极主动、态度认真、遵守教学秩序			
5	自主学习与动手能力	10	根据教师分布的任务，带着问题去思考，在网上去检索所需知识，通过自学整合知识，能为客户办理置换手续			
6	基本素养	15	了解我国目前汽车置换的政策，会观察识别客户的真实需求，培养专业素养和为客户服务的理念			
总配分		100	总得分			
综合评价						

多项选择题

1. 广义的汽车置换，则是指在以旧换新业务的基础上，同时兼容一系列业务，下列选项中属于该业务的是（ ）。

　　A．二手车翻新　　　B．折抵分期付款　　C．二手车再销售　　D．二手车租赁

2. 下列选项中，（ ）是汽车置换授权经销商可以提供的服务。

　　A．旧车定价　　　　B．过户手续　　　　C．新车的贷款　　　D．提供新车补贴

3. 一般情况下，汽车置换的业务类型中包括（ ）。

　　A．本厂旧车置换新车　　　　　　　B．本品牌旧车置换新车

　　C．多品牌置换某一品牌新车　　　　D．二手车回收

4. 汽车置换的优点主要有（ ）。

　　A．周期短、时间快　　　　　　　　B．4S店置换二手车品质保证

　　C．二手车出售价格高　　　　　　　D．汽车厂商的多种优惠补贴

5. 在汽车置换中，不同的车型置换有不同的价格，影响二手车置换的因素主要有（ ）。

　　A．购车时的贷款方式　　　　　　　B．车辆自身的颜色和车牌

　　C．车辆保养情况　　　　　　　　　D．市场保有量

拓展阅读

任务二　完成旧车鉴定评估及提供置换的金融方案

任务情境

　　李明在汽车销售公司实习期间，跟着师傅认真学习了二手车鉴定评估的内容和程序，实习结束，回到学校准备为同学们做一次二手车置换的知识讲座。假如你是李明，将如何完成此次任务？

学习目标

知识目标

了解旧车鉴定的原则，掌握评估内容及流程。

能力目标

熟悉旧车鉴定的流程，结合旧车鉴定结果介绍置换金融方案。

素养目标

提高汽车鉴定评估的专业素养和树立为客户服务的理念。

学习准备

　　旧车鉴定估价（评估）是指由专业的汽车鉴定估价人员，按照法律规定的规范程序，利用现代科学技术的方式，对旧车进行手续检验、技术鉴定和估算价格的过程。

一、旧车鉴定估价的基本程序

　　(1)收集和整理有关资料。收集和整理车辆状态性资料和车辆合法性资料。

　　1)车辆状态性资料：①车辆的原价、折旧和净值；②车辆预计使用年限和已使用年数；③车辆的型号；④车辆的技术等级。

　　2)车辆合法性资料：①车辆购买发票；②车辆行驶证、牌照、运输证、准运证；③各种税费、杂费的缴纳凭证。

　　(2)设计拟订鉴定估价方案。其主要包含：①按照申请人的评估目的和要求，确定计价标准和评估方法；②拟订具体工作步骤和鉴定评估作业进度；③确定评估基准日；④编制具体日程表。

（3）现场检查和检测，做出技术鉴定。

（4）进行评定与估算。

（5）核对评估值，撰写评估报告。

二、旧车鉴定估价的原则

旧车鉴定估价的原则是指对旧车进行鉴定估价时应遵守和依据的基本准则（图6-3）。

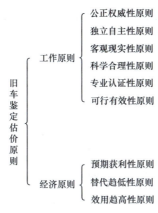

旧车鉴定估价原则
- 工作原则
  - 公正权威性原则
  - 独立自主性原则
  - 客观现实性原则
  - 科学合理性原则
  - 专业认证性原则
  - 可行有效性原则
- 经济原则
  - 预期获利性原则
  - 替代趋低性原则
  - 效用趋高性原则

图6-3 旧车鉴定估价的原则

三、旧车鉴定估价的内容

1. 旧机动车鉴定估价以技术鉴定为基础

机动车辆自身具有较强的技术特性，评定车辆现时的技术状况，最可靠的办法，就是对车辆进行科学的技术检测，通过现场察看，从外到内通过车身—发动机—传动机构—底盘—试车等步骤逐项察看。常见的二手车业务鉴定估价内容见表6-4。

视频：旧车鉴定评估的主要内容

表6-4 二手车业务鉴定估价内容表

车身外部油漆和钣金件	前引擎盖/水箱护罩前围板	车厢内部及静态检查	安全带安全气囊驻车系统
	前后四翼子板		空调冷暖工作系统/温度效果
	前后四车门		油箱、行李箱、前盖锁止机构
	前后保险杠		点火启动状况及风窗雨刮器
	后围板、后盖箱		离合器、刹车、油门踏板行程
	车顶、顶边、ABC柱	引擎盖下侧	前围/前纵梁及翼子板内侧
	前后全车灯罩		发动机息速运转状况/点火正时
	全车风窗玻璃		变速箱状况/离合器换挡/油面
车厢内部及静态检查	全车门密封条及装饰条		方向机助力系统/液压管路
	发动机、车架号牌铭牌标牌		冷却及空调管路系统
	车内饰顶/内饰板/遮阳板/储物箱		点火系统/蓄电池/断路器丝盒

续表

车厢内部及静态检查	四座椅及其功能	引擎盖下侧	四轮制动性能及刹车制动系统	
	仪表装置及指示灯/车内外照明		四重避振系统/驱动半轴/横拉杆	
	全车门锁拉手及儿童锁止装置		四轮胎/钢圈/轮罩帽	
	收音机及音响喇叭系统		底盘大梁/消声器/三元催化	
	电动窗机及天窗装置	其他	后盖箱/备胎/随车工具	

2. 旧机动车鉴定估价以单台为评估对象

对于单位价值较大的汽车，以整车和部件为划分依据，逐台、逐件地进行鉴定评估。而对于以转移车辆所有权为目的、单位价值较小的车辆，也可采取"提篮作价"的评估方式，从而简化鉴定估价工作程序，节省时间。

3. 旧机动车鉴定估价要考虑其手续构成的价值

我国对车辆实行"户籍"管理，汽车使用税费附加值较高。所以，在对旧机动车实行鉴定估价时，不仅需要估算其汽车实体的价值，还必须考虑由"户籍"管理手续和各项使用税收而形成的综合价值。

四、汽车置换的金融方案案例

奔驰在 2022 年中推出了保值租购的金融方案，并且随着保值租购方案的完善，目前奔驰经销商也在大力推广保值租购购车模式，那么全新引入国内的金融模式是否适合中国消费者，跟传统的金融方案相比又是否划算呢？

1. 保值租购方案的概念

保值租购属于汽车金融方案的一种，在国外已经有很多品牌通过这样的方案来吸引消费者。简单来说就是消费者在支付了购车首付和保证金后，就可以在租期内使用车辆，当租期到期后，消费者可以选择将车辆购买、将车辆置换成其他奔驰车辆或将车辆返还给奔驰经销商。

2. 保值租购方案购车方式

选择保值租购方案的消费者，首先要确定准备购买的车型，然后在最低缴纳车辆成交价 10% 的购车款和车辆成交价 10% 的保证金后，可以根据用车实际情况选择 24 个月或 36 个月的租期，以及租期内约定的每年行驶的千米数（15 000 km、20 000 km、25 000 km 三个等级可选），最后用户只需要在租期中按月支付租金即可。

保值租购方案消费者实际是对车辆的租赁，但车辆的牌照依旧是在消费者名下，因此，新车的保险、购置税、上牌的费用仍旧由消费者支付。另外，保值租购的首付和保证金并不是按照车辆的官方指导价计算的，而是按照车辆的成交价格计算，也就是可以按照目前经销商给出的优惠折扣价格来计算车辆价格。

3. 租期到期后车辆的处理

根据保值租购方案规定，当消费者车辆租期到期以后，消费者可以选择购买、置换或返还三种方式来处理车辆。

（1）购买就是车辆租期到期以后，消费者希望将车辆买下来继续使用，可以支付车辆的最低保值金，既可以购得车型，之前交付的保证金也将退还消费者。

（2）置换就是车辆租期到期后，消费者想继续置换奔驰品牌的其他车型，消费者可以用之前保值租购车型的最低保值价格去抵消其他车型的售价，补足差价即可以购得其他奔驰车型。

（3）返还是指租期到期后消费者将车辆返还给经销商，然后保证金也退还给消费者。

4. 保值租购相比其他购车形式是否划算

奔驰推出的保值租购金融方案，降低了消费者购买奔驰车型的门槛，看似让更多消费者有了选择奔驰车型的可能，但从消费者的实际付款来看，如果消费者租期到期后不再选择奔驰车型置换，那么消费者的实际支出远远大于传统金融方案。

5. 保值租购的注意事项

奔驰针对不同的车型、不同的使用年限和年行驶里程会设置车辆的最低保值金额，如果超出里程限制，在租期到期后将会影响最低保值金额，在租期内发生严重的事故也将会影响车辆的最低保值金额。申请保值租购的流程和手续与办理奔驰金融贷款的手续差不多，车主需要通过奔驰金融的审核后才可以享受保值租购的方案。

根据分析来看，奔驰推出的保值租购在首付款比例上的确降低了车辆的购买门槛，但到期后无论是返还车辆还是购得车辆相比传统的金融购车方案来说都不划算，而如果消费者到期后置换奔驰旗下的车辆，考虑奔驰最低的保值金额可以冲抵新购买车辆的价格还是比较划算的。

奔驰保值租购方案其实更多的是培养消费者对于奔驰品牌的忠诚度，鼓励消费者在到期后置换奔驰旗下的其他车辆，或重新申请新的保值租购车辆，也就是说，消费者一旦选择奔驰保值租购方案，在租期到期后依旧要置换新的奔驰车辆才能比较划算地享受保值租购政策。

一、明确任务

（1）分组查阅二手车鉴定的流程，结合二手车鉴定结果介绍置换金融方案。

（2）分组查阅学习二手车鉴定的原则、评估内容及流程。

（3）查阅过程中可以结合所工作的城市情况或有代表性的城市情况进行了解，展示学习成果，并进行组内和组间的自评与互评，接受指导教师的评价反馈。

二、制订实施计划

（1）全班学生分成四人一小组，讨论制订完成任务的计划，明确小组成员的分工和各项任务安排，小组成员利用计算机、网络进行资料查阅、整理和分析。

（2）进行小组展示：组内设置一名记录员，对任务的过程进行文字要点记录；组长负责撰写本小组的工作总结。

评价反馈

教师设计考核评价表（表6-5），小组之间开展自评与互评；教师对各组任务的完成情况予以评价和鼓励。

表6-5　考核评价表

序号	考核内容	分值	评分标准	自评	互评	师评
1	小组准备	10	小组分工明确、共同合作，有团队精神			
2	知识运用	30	学习二手车鉴定的原则、评估内容及二手车鉴定的流程，并结合鉴定结果介绍二手车置换金融方案，有一定的信息检索和分析能力			
3	成果展示与任务报告	20	能够根据搜索的资料进行详细的阐述并提出看法			
4	学习态度与课堂纪律	15	学习积极主动、态度认真、遵守教学秩序			
5	自主学习与动手能力	10	根据教师分布的任务，带着问题去思考，去检索所需知识，分析并制作PPT汇报			
6	基本素养	15	培养汽车鉴定估价的专业素养和为客户服务的理念			
总配分		100	总得分			
综合评价						

巩固提升

一、单项选择题

1. 二手车的合法手续证明一般不包括（　　）。

　A. 车辆来历证明、机动车行驶证

　B. 机动车登记证、车辆号牌、车辆运输证

　C. 车辆购置税、机动交强险标志

　D. 交通事故处理意见书

2. 二手车评估机构对下列（　　）不负法律责任。

　A. 评估的价格结果　　　　　B. 评估的车辆技术状况结果

　C. 是否为事故车辆　　　　　D. 是否为非法车辆

3. 旧车鉴定估价的工作原则是指对旧车进行鉴定估价时遵守和依据的基本准则，其中不包括（ ）。

    A. 公正权威性原则   B. 客观现实性原则

    C. 预期获利原则   D. 重复性原则

4. 二手车鉴定估价是指对二手车进行技术状况检测、鉴定，确定某一时点（ ）的过程。

    A. 价格   B. 价值   C. 使用寿命   D. 技术状况

5. 旧车鉴定估价以（ ）为基础。

    A. 抽样鉴定   B. 手续价值   C. 技术鉴定   D. 批量察看

二、多项选择题

1. 旧车置换所需的主要证明材料有（ ）。

    A. 车主身份证   B. 机动车产权登记证

    C. 原始购车发票或前次过户发票   D. 机动车行驶证

2. 车辆有（ ）之一的，不能用于旧车置换。

    A. 机动车办理了抵押登记   B. 利用报废车辆的零部件拼（组）装

    C. 距报废时间 3 年   D. 未缴纳车辆保险费

3. 《中华人民共和国民法典》规定，凡发生下列（ ）之一，允许变更或解除合同。

    A. 当事人双方经协商同意，并且不因此损害国家利益和社会公共利益

    B. 由于不可抗力致使合同的全部义务不能履行

    C. 由于另一方在合同约定的期限内没有履行合同

    D. 合同内容对双方当事人体现不公平的

4. 下列（ ）不是二手车合同违约责任的性质。

    A. 违约惩罚   B. 违约保证   C. 等价补偿   D. 刑事处罚

5. 顾客在购买新车时，倾向于选择市面上流行的车型，并且比较注意是否经济实惠、物美价廉，这是存在着（ ）。

    A. 便利心理需要   B. 好奇心理需要

    C. 求实心理需要   D. 从众心理需要

模块七
汽车金融相关法律法规

模块简介

　　汽车金融服务涉及汽车产业和经济生活的方方面面，通过本模块的学习，可以了解作为汽车金融顾问必须熟悉的合同制度、担保相关法规、汽车金融公司法规、消费信贷细则、汽车融资租赁法规等法律法规，更好地为客户服务，保障客户与相关利益方的权利和义务。

任务一　认识汽车金融服务中的法律问题

任务情境

　　李明在汽车金融公司实习期间，经理问了他一个问题：公司在提供汽车金融服务过程中会遇到哪些法律问题？假如你是李明，将如何作答？

学习目标

知识目标

了解汽车金融服务中涉及的各项法律法规。

能力目标

理解汽车金融服务中涉及的各种法律问题。

素养目标

树立金融服务工作中的法律意识、道德意识和服务意识。

学习准备

一、公司法规与汽车金融服务

（一）与公司设立相关的法规

汽车金融公司是企业法人，有独立的法律人格，承担义务并享受权利。依法设立公司需满足以下条件：

(1)由公司登记机关发给公司营业执照，载明公司名称、住所、注册资本、实收资本、经营范围、法定代表人姓名、有限或股份公司等事项。

(2)必须依法制定公司章程。章程对公司股东、董事、监事、高级管理人员具有约束力。

(3)名称、住所、实收资本、经营范围、股东等营业执照、章程上记载的重要事项发生变更时需进行变更登记。

以4S店经销商为例，依法设定公司需要下列对应证明材料：营业执照、组织机构代码证、税务登记证、法人身份证、验资报告及公司章程。如果公司要进行相关信息的变更，所需材料包括工商登记信息、变更后的营业执照、组织机构代码证、税务登记证、验资报告(非资本变化则无)、法人身份证(非法定代表人变化则无)、公司章程修正案(所有股东签字)。

(二)公司的基本组织结构

公司组织结构主要包括股东会、董事会及监事会。股东会由全体股东组成，是公司的权力机构。它有决定公司经营方向、董事会等高管任免、增资减资、合并清算、修改公司章程等职权，形成股东会决议。董事会由股东会选举产生。董事会对股东会负责，有执行股东会决议、制订经营计划、制定管理制度等职权，形成董事会决议(与会董事签字)。监事会包括股东代表及职工代表，小规模公司可无监事会。

对外担保必须经董事会或股东大会审议方有效，《公司章程》应当明确股东大会、董事会对外担保的权限；应由股东会审批的对外担保，必须出具股东会决议；应由董事会审批的对外担保，必须出席董事会的2/3以上董事审议通过。

国有独资公司不设股东会，由国有资产监督管理机构行使股东会职权(国有独资公司对外担保，需经国有资产监督管理机构出具同意对外担保书面文件)。

注意： 设立分公司及子公司的区别。设立分公司应登记并领取营业执照，且分公司无法人资格，相关民事责任由总公司承担。而子公司具有法人资格，需依法独立承担民事责任。母公司以其出资额对子公司承担责任，公司发生变更由变更后的公司继承债权债务。

(三)公司财务制度及解散清算

公司的财务会计制度：公司应当在每一会计年度终了时编制财务会计报告，并依法经会计师事务所审计。

公司清算是指公司出现法定解散事由或公司章程所规定的解散事由以后，依法清理公司的债权、债务的行为。公司的清算组是指公司出现清算的原因以后依法成立的处理公司债权债务的组织，公司的清算组是公司清算期间的代表者。清算后公司(4S店经销商)法人资格归于消灭，债权债务归于消灭。

企业财产拨付清算费用后，按照下列顺序清偿债务：①职工工资、医疗伤残补助、基本养老保险、法律规定应支付职工补偿金等；②税款等；③担保债权(银行贷款优先获偿)；④普通债权。同一顺序不足清偿的，按照比例清偿。上述顺序的逻辑关系是，原则上按排序优先，即未支付完应付未付的职工工资、劳动保险费等之前，不得清偿

欠税和债务；在未支付完应缴未缴国家的税金之前，不得清偿债务。

二、合同法规与汽车金融服务

《中华人民共和国民法典》合同编中指出合同制度是市场经济的基本法律制度，它有效地保护合同当事人的合法权益，能对社会经济秩序起到维护的作用，还能对社会主义的建设起到促进作用。

合同相关法规是汽车金融业务的基础法律，从事汽车金融业务应掌握合同相关法规的基本原理及主要内容。

第一，规定了汽车金融合同的基本原则。

合同是指平等主体的自然人、法人、其他组织之间设立、变更、终止民事权利义务关系的协议。

签订汽车金融合同应坚持的三项基本原则：

原则一：平等，自愿。

原则二：诚实信用。

原则三：守法，不得损害社会公共利益(公序良俗原则)合同的订立。

第二，规定了汽车金融合同当事人的条件。

公民(自然人)、法人或其他组织。

委托代理人——授权委托书。

第三，规定了汽车金融合同的三种形式：书面形式；口头形式；其他形式，如推定形式。

第四，规定了汽车金融合同的要约、承诺要约；要约邀请；承诺。

第五，规定了汽车金融合同的效力等问题。

汽车金融有效合同具备的要件：主体合法；意思表示真实；不违反法律或社会公共利益(内容合法)。

汽车金融无效合同的法定情形：一方以欺诈、胁迫的手段订立合同，损害国家利益；恶意串通，损害国家、集体或第三人利益；以合法形式掩盖非法目的；损害社会公共利益；违反法律、行政法规的强制性规定。汽车金融合同无效和被撤销的法律后果包括自始无效、返还财产、赔偿损失、行政处罚。

在汽车金融服务过程中，主要涉及的合同规定有买卖合同、担保合同、保险合同、融资租赁合同、借款合同、承揽合同等。

(一)买卖合同

买卖合同是指出卖人转移标的物的所有权于买受人，买受人支付价款的合同。在汽车金融服务中，买卖合同常见的场景包括4S店经销商与整车厂之间买车、最终用户与4S店经销商之间买车等。

买卖合同中提及的所有权是一种财产权，包括占有、使用、处分、收益权利。具体内容如下：

占有——买车后车属于购买者。

使用——开车。

处分——购车者可将车卖出或闲置。

收益——购车者可以将车出租收取租金。

所有权需兼具以上四种权利，缺一不可。如将租入车转租他人，则虽有收益权但无处分权，因此不属于所有权。

关于汽车金融公司与汽车供应商（如整车厂）及经销商之间的法律关系如图7-1所示。

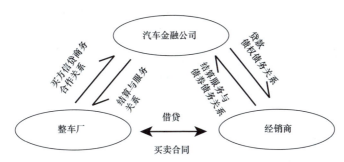

图 7-1　汽车金融公司与整车厂、经销商的法律关系

一般经销商支付首付款，从汽车金融公司或银行取得贷款后购买整车厂汽车，即取得汽车所有权。经销商、整车厂、汽车金融公司签订所有权保留三方协议，则标的物（整车）所有权按照约定仍属于整车厂（出卖方），当经销商履行支付全部价款或其他义务后（归还全部贷款），所有权归于经销商。未清偿所有贷款前所有权归于整车厂，故整车厂有权将经销商贷款车辆拖回。

经销商在取得整车一段时间后（经销商尚未支付全部价款，无整车所有权）将车卖与善意第三人（普通消费者，并非与经销商串通转移财产），善意第三人取得整车所有权，整车厂只能要求经销商承担还款义务（查库需及时发现已销售未还款车辆）。标的物损毁、灭失的风险，在标的物交付之前由出卖人承担，交付之后由买受人承担。

购车合同通常是指在最终用户与4S店经销商之间的买卖合同，可作为保障经销商与消费者双方权益的凭证。签订购车合同时，需要确定汽车的品牌、汽车标识号码、发动机号码、汽车代码（车架号）等汽车本身应有的要素；车辆主要配置、颜色及随车交付的文件等；价款应列明车辆交易的总价款（裸车价或是包牌价）、付款方式和期限。购车合同中需特别注意违约责任及解决方式的规定，考虑如明确经销商延期交付车辆，应该赔付多少违约金还是退车等问题。

（二）担保合同

随着汽车消费信贷业务的快速发展，汽车金融服务中的担保已逐渐成为市场发展及风险控制过程中的关键一环，而汽车担保合同的重要性也日益增加。通常情况下，担保合同的定义：为促使债务人履行其债务，保障债权人的债权得以实现，而在债权人（同时也是担保权人）和债务人之间，或在债权人、债务人和第三人（担保人）之间协商形成的协议。

担保合同属于从属合同，我国担保相关法规中规定担保合同是主合同的从合同。担保合同的成立和存在必须以一定的合同关系的存在为基础。担保合同的目的是保证

债权人的债权能够实现。

（三）保险合同

机动车辆保险即汽车保险（简称车险），是指对机动车辆由于自然灾害或意外事故所造成的人身伤亡或财产损失负赔偿责任的一种商业保险。在购买机动车辆保险时，一定要签订机动车辆保险合同。

机动车辆保险合同是指机动车辆所有人或使用人向保险人支付保险费，保险人在被保险的车辆发生约定的保险事故时承担赔偿保险金责任的保险合同，主要包括车辆损失险、第三者责任险和车上人员责任险等。

除机动车辆保险合同外，汽车金融中保证保险合同主要是指由保险人为被保证人（债务人）的债务履行向权利人提供担保，当被保证人违约而使权利人遭受损失时，权利人有权从保险人处获得赔偿的一种保险合同。保证保险合同以"债务人不履行债务"为保险事故。

（四）融资租赁合同

汽车金融中的另一部分便是融资租赁合同。融资租赁合同是指出租人根据承租人对出卖人、租赁物的选择，向出卖人购买租赁物，提供给承租人使用，承租人支付租金的合同。融资租赁合同的主体包括出租人（买受人）、承租人和出卖人（供货商）三方。承租人要求出租人为其融资购买承租人所需的设备，然后由供货商直接将设备交给承租人。

融资租赁合同是由出卖人与买受人（租赁合同的出租人）之间的买卖合同和出租人与承租人之间的租赁合同构成的，但其法律效力又不是买卖和租赁两个合同效力的简单叠加。融资租赁集借贷、租赁、买卖于一体，是将融资与融物结合在一起的交易方式。

（五）借款合同

通常借款合同可分为金融机构借贷及民间借贷。金融机构借贷是指金融机构与自然人、法人和其他组织之间的借贷合同。公民与非金融企业（以下简称企业）之间的借贷属于民间借贷。只要双方当事人意思表示真实即可认定有效。

人民法院审查借贷案件起诉时，要求原告提供书面借据；没有书面借据的，应当提供必要的事实根据。不符合上述条件的诉讼，不予受理。如果经销商在没有必要事实的情况下不能提供书面借贷，将不能索赔，汽车金融公司不能行使代位权（如其他应收款）。

根据《中华人民共和国民法典》第五百三十五条规定："因债务人怠于行使其债权或者与该债权有关的权利，影响债权人的到期债权实现的，债权人可以向人民法院请求以自己的名义代位行使债务人对相对人的权利，但是该债权专属于债务人自身的除外。""代位权的行使范围以债权人的到期债权为限，债权人行使代权位的必要费用，由债务人负担。"

在汽车金融服务中，如果经销商对其他企业有债权但怠于行使，使经销商对汽车金融公司的债务无法清偿的，汽车金融公司有权代位向其他企业行使债权；而如果经销商为其他企业的债务人，其他企业的债权人无法从其他企业处受偿的可代位向经销商追偿，从而削弱了经销商对汽车金融公司的清偿能力。

（六）承揽合同

承揽合同是承揽人按照定作人的要求完成工作，交付工作成果，定作人给付报酬的合同。承揽包括加工、定作、修理、复制、测试、检验等工作，如汽车经销商将修理外包给其他修理公司操作或外包其他公司进行内部装饰等业务。

定作人未向承揽人支付报酬或材料费等价款的，承揽人对完成的工作成果享有留置权，但当事人另有约定的除外。如汽车经销商将车辆修理、内装业务外包给其他公司（包括关联企业）进行操作，汽车经销商到期不支付修理款项或内装款项，外包公司有权占有车辆，拒绝汽车经销商请求返还车辆，并可将车辆留置、拍卖，取得价款优先受偿。

三、担保法规与汽车金融服务

消费信贷是汽车金融服务的重要组成部分。从借款人还款来源的角度来分析问题，可将还款来源分为第一还款来源和第二还款来源。

第一还款来源通常是指借款人自身生产和相关开发活动所产生的现金流量的总和，直接用于偿还贷款人。一般通过分析经营状况、财务状况来预测风险。第二还款来源是当借款人无力偿还债务时，借款人处理贷款担保收到的款项即使用抵押品、质押品或向担保人索取款项。

第一还款来源很重要，但第二还款来源也不容忽视。第二还款来源主要是指借款人或第三人的保证、担保等。根据我国担保相关法规，主要的担保方式包括保证、抵押、留置、质押、定金等方式。

（一）保证

保证定义：保证人与债权人约定，当债务人不履行债务时，保证人按约履行债务或承担责任。

保证的主体资格包括法人、其他组织及自然人；事业单位、社会团体如学校、医院等则不能担任保证主体；企业法人分支机构需在法人书面授权范围内提供保证，如分公司担保等。

保证责任是指主债务、利息及实现债权的其他费用，有约定的就要遵循约定，没有约定的就要全部承担。债务人与债权人的协议如果要变更，要征询保证人的书面同意，否则保证人对变更的协议不承担保证责任。一般保证责任期限为主债务履行期满起 6 个月，或从约定。

保证责任方式通常包括以下两种：

一般保证——在主合同未经审判或仲裁，债务人财产依法强制执行前保证人可拒绝保证。

连带保证——债务人到期未履约，债权人可任意挑选保证人履约。未约定为连带保证。

此外，最高额保证是指保证人和债权人签订一个总的保证合同，为一定期限内连续发生的借款合同和某项商品交易行为提供保证，只要债权人和债务人在保证合同约定的债权额限度内进行交易，保证人则依法承担保证责任。

（二）抵押

抵押定义：债务人或第三人对债权人以一定财务作为清偿债务的担保。

抵押的范围可以包括不动产(土地使用权、房屋、地上固定物)和动产(车辆等)。土地使用权、耕地等土地所有权、制度设施、所有权不明、依法封存等不得抵押。

抵押经登记有效后方可对抗善意第三人。根据实际登记的抵押种类,抵押登记机构是不同的。土地管理部门负责土地使用权的抵押登记,房屋等房地产由县级以上的相关政府管理,设备及其他动产抵押则由财产所在地工商行政管理部门负责。

抵押权人有优先受偿的权利和占有、监督抵押财产的权利,有权限制抵押人处分抵押财产。抵押人经抵押权人事先同意,有权处分抵押财产。抵押人有权以同一抵押财产的剩余担保价值设定新的抵押。抵押权因债务履行、抵押财产损失和抵押权实现而消灭。

(三)留置

留置定义:债权人依约占有债务人动产,债务人债务不能履行时,债权人留置该财产,折价或变卖优先受偿。

因保管合同、运输合同、承揽合同等法律规定可以留置的其他合同发生的债权可适用。此外,当同一财产法定登记的抵押权与质权并存时,抵押权人优先于质权人受偿。同一财产抵押权与留置权并存时,留置权人优先于抵押权人受偿。

(四)质押

质押定义:债务人或第三人的动产或权利转移至债权人占有,在债务人不履行债务时,债权人有权以该财产价款优先受偿。

质押与抵押的区别主要体现在动产、权利及转移占有等方面。通常情况下,抵押物为不动产(特殊情况下可包括动产);质押则以动产为主。而质押和抵押的最大不同之处在于是否转移担保财产的占有。抵押不转移对抵押物的占管形态,仍由抵押人负责抵押物的保管;质押改变了质押物的占管形态,由质押权人负责对质押物进行保管。因此,通常情况下抵押物毁损或价值减少,由抵押人承担责任;质押物毁损或价值减少,由质押权人承担责任。

(五)定金

定金定义:以合同订立或履行之前支付的一定数额金钱作为担保。

给付定金方不履约的,无权要求返还定金;收受方不履约的,双倍返还定金。

任务实施

一、明确任务

(1)分组查阅学习关于汽车金融服务过程中涉及的相关法律问题。

(2)分组查阅学习汽车金融服务的各方涉及的各种法律关系。

二、制订实施计划

(1)全班学生分成四人一小组,讨论制订完成任务的计划,明确小组成员的分工和各项任务安排,小组成员利用计算机、网络进行资料的查阅、整理和分析。

(2)进行小组展示:组内设置一名记录员,对任务的过程进行文字要点记录;组长负责撰写本小组的工作总结。

评价反馈

教师设计考核评价表（表7-1），小组之间开展自评与互评；教师对各组任务的完成情况予以评价和鼓励。

表7-1 考核评价表

序号	考核内容	分值	评分标准	自评	互评	师评
1	小组准备	10	小组分工明确、共同合作，有团队精神			
2	知识运用	30	学习汽车金融服务过程中涉及的相关法律问题及各方涉及的各种法律关系，有一定的信息检索和分析能力			
3	成果展示与任务报告	20	能够根据搜索的资料进行详细的阐述并提出看法			
4	学习态度与课堂纪律	15	学习积极主动、态度认真、遵守教学秩序			
5	自主学习与动手能力	10	根据教师给的任务，带着问题去思考，去检索所需知识，分析并制作PPT汇报			
6	基本素养	15	培养知法、懂法、守法、用法的工作理念			
	总配分	100	总得分			
	综合评价					

巩固提升

一、单项选择题

1. 依法对有限责任公司董事和经理的经营管理行为及公司财务进行监督的常设机构是（　　）。

   A. 股东会　　　　　B. 董事会　　　　　C. 监事会　　　　　D. 经理会

2. 某有限责任公司因章程规定的解散事由出现而决定解散，其清算时的清算组（　　）。

   A. 由股东组成　　　　　　　　　B. 由董事组成

   C. 由监事组成　　　　　　　　　D. 由有关主管机关指定人员组成

3. 汽车消费贷款业务中，第一还款义务人是（　　）。

   A. 借款人　　　　B. 经销商　　　　C. 银行　　　　D. 担保机构

4. 汽车消费贷款的担保方式主要有三种，不包括(　　)。

A. 保险公司履约 　　　　　　　　　B. 汽车抵押

C. 金融资产抵押 　　　　　　　　　D. 第三人保证担保

5. 在银行、保险公司及经销商的"三方协议"中，合同担保人一般是(　　)。

A. 银行　　　　　B. 保险公司　　　　C. 经销商　　　　D. 其他担保公司

6. 从事汽车交易，取得汽车所有权，可以自主制订营销策略的汽车中间商称为(　　)。

A. 代理商　　　　B. 经销商　　　　C. 经纪人　　　　D. 一级中间商

7. 甲乙两公司签订了买卖10辆汽车的合同，就在乙将汽车交付甲时，被工商行政管理部门查出该批汽车是走私品而予以查封。根据我国法律关于合同效力的规定，该买卖汽车合同属于(　　)。

A. 有效合同　　　　B. 无效合同　　　　C. 可撤销合同　　　　D. 效力待定合同

8. 租赁合同中，租赁期限超过(　　)年的，超过部分租赁合同期限无效。

A. 10　　　　　　B. 15　　　　　　C. 20　　　　　　D. 25

9. 承揽合同与买卖合同的区别在于，承揽合同是(　　)。

A. 有偿合同 　　　　　　　　　　B. 诺成合同

C. 以完成一定工作为目的的合同　　D. 双务合同

10. 借款合同签订以后，如果(　　)，则允许变更借款合同。

A. 借款人因不可抗拒的意外事故致使合同无法履行

B. 借款人已经申请破产，进入清算程序

C. 借款人不履行借款合同，贷款难以收回

D. 经借贷双方协商同意

二、多项选择题

1. 公司清算的具体步骤包括(　　)。

A. 清理公司财产 　　　　　　　　B. 通知/公告债权人并进行债权登记

C. 提出财产估价和清算方案　　　　D. 分配财产

2. 通常担保范围包括(　　)。

A. 主债权及利息　　B. 诉讼费　　　　C. 罚息与复利　　　　D. 拍卖费

3. 质押分为(　　)。

A. 动产质押　　　　B. 资产质押　　　　C. 权利质押　　　　D. 存单质押

4. 以物为担保的担保方式有(　　)。

A. 抵押　　　　　　B. 质押　　　　　　C. 保证　　　　　　D. 留置

5. 下列机构可以是保证主体的是(　　)。

A. 政府　　　　　　B. 企业分公司　　　C. 社会团体　　　　D. 银行

三、简答题

1. 简述公司设立所需的材料。

2. 简述清算清偿债务的顺序。

3. 简述担保的定义。

4. 简述抵押与质押的区别。

任务二　了解我国汽车消费信贷的相关法律

李明在汽车金融公司实习期间，经理让他认真学习我国汽车消费信贷的相关法律法规和最新的政策，为公司的员工做一次知识讲座。假如你是李明，将如何完成此次任务？

知识目标

了解汽车消费信贷的法律法规和管理办法。

能力目标

能理解汽车消费信贷的法律法规，用法律武器维护自身利益。

素养目标

树立知法、懂法、守法、用法的工作理念。

学习准备

一、汽车金融公司管理办法

（2023 年 7 月 10 日国家金融监督管理总局令 2023 年第 1 号公布　自 2023 年 8 月 11 日起施行）

第一章　总　则

第一条　加强对汽车金融公司的监督管理，促进我国汽车金融业的健康发展，依据《中华人民共和国银行业监督管理法》《中华人民共和国公司法》等法律法规，制定本办法。

第二条　本办法所称汽车金融公司，是指经国家金融监督管理总局批准设立的、专门提供汽车金融服务的非银行金融机构。

第三条　汽车金融公司名称中应标明"汽车金融"字样。未经国家金融监督管理总局批准，任何单位和个人不得在机构名称中使用"汽车金融""汽车信贷""汽车贷款"等字样。

第四条　国家金融监督管理总局及其派出机构依法对汽车金融公司实施监督管理。

第二章　机构设立、变更与终止

第五条　设立汽车金融公司法人机构应具备下列条件：

（一）有符合《中华人民共和国公司法》和国家金融监督管理总局规定的公司章程；

（二）有符合本办法规定的出资人；

（三）有符合本办法规定的注册资本；

（四）有符合任职资格条件的董事、高级管理人员和熟悉汽车金融业务的合格从业人员；

（五）建立了有效的公司治理、内部控制和风险管理体系；

（六）建立了与业务经营和监管要求相适应的信息科技架构，具有支撑业务经营的必要、安全且合规的信息系统，具备保障业务持续运营的技术与措施；

（七）有与业务经营相适应的营业场所、安全防范措施和其他设施；

（八）国家金融监督管理总局规定的其他审慎性条件。

第六条　汽车金融公司的出资人为中国境内外依法设立的非银行企业法人，其中主要出资人须为汽车整车制造企业或非银行金融机构。

前款所称主要出资人是指出资数额最大且出资额不低于拟设汽车金融公司全部股本 30％的出资人。

汽车金融公司出资人中至少应当有 1 名具备 5 年以上丰富的汽车消费信贷业务管理和风险控制经验，或为汽车金融公司引进合格的专业管理团队，其中至少包括 1 名有丰富汽车金融从业经验的高级管理人员和 1 名风险管理专业人员。

第七条　非金融机构作为汽车金融公司出资人，应当具备以下条件：

（一）最近 1 个会计年度营业收入不低于 500 亿元人民币或等值的可自由兑换货币；作为主要出资人的，还应当具有足够支持汽车金融业务发展的汽车产销规模。

（二）最近 1 个会计年度末净资产不低于总资产的 30％；作为汽车金融公司控股股东的，最近 1 个会计年度末净资产不低于总资产的 40％。

（三）财务状况良好，且最近 2 个会计年度连续盈利；作为汽车金融公司控股股东的，最近 3 个会计年度连续盈利。

（四）入股资金为自有资金，不得以借贷资金入股，不得以他人委托资金入股。

（五）权益性投资余额原则上不得超过本企业净资产的 50％（含本次投资金额）；作为汽车金融公司控股股东的，权益性投资余额原则上不得超过本企业净资产的 40％（含本次投资金额）；国务院规定的投资公司和控股公司除外。

（六）遵守注册地法律，近 2 年无重大违法违规行为。

（七）主要股东自取得股权之日起 5 年内不得转让所持有的股权，承诺不将所持有的汽车金融公司股权进行质押或设立信托，并在拟设公司章程中载明。

（八）国家金融监督管理总局规定的其他审慎性条件。

前款第（一）（二）（三）（五）项涉及的财务指标要求均为合并会计报表口径。

第八条　非银行金融机构作为汽车金融公司出资人，除应具备第七条第（四）（六）

（七）项规定的条件外，还应当具备以下条件：

（一）注册资本不低于3亿元人民币或等值的可自由兑换货币。

（二）具有良好的公司治理结构、内部控制机制和健全的风险管理体系；作为主要出资人的，还应当具有5年以上汽车消费信贷业务管理和风险控制经验。

（三）财务状况良好，最近2个会计年度连续盈利。

（四）权益性投资余额原则上不得超过本企业净资产的50%（含本次投资金额）。

（五）满足所在国家或地区监管当局的审慎监管要求。

前款第（三）（四）项涉及的财务指标要求均为合并会计报表口径。

第九条　汽车金融公司注册资本的最低限额为10亿元人民币或等值的可自由兑换货币。注册资本为一次性实缴货币资本。

国家金融监督管理总局可以根据汽车金融业务发展情况及审慎监管需要，调高注册资本的最低限额。

第十条　汽车金融公司可以在全国范围内开展业务。未经国家金融监督管理总局批准，汽车金融公司不得设立分支机构。

第十一条　经国家金融监督管理总局批准，汽车金融公司可以设立境外子公司。具体设立条件、程序及监管要求由国家金融监督管理总局另行制定。

第十二条　国家金融监督管理总局对汽车金融公司董事和高级管理人员实行任职资格核准制度。

第十三条　汽车金融公司有下列变更事项之一的，应依据有关行政许可规定报国家金融监督管理总局或其派出机构批准：

（一）变更公司名称；

（二）变更公司注册资本；

（三）变更住所或营业场所；

（四）调整业务范围；

（五）变更股权或调整股权结构；

（六）修改章程；

（七）变更公司董事及高级管理人员；

（八）合并或分立；

（九）国家金融监督管理总局规定的其他变更事项。

第十四条　汽车金融公司有以下情况之一的，经国家金融监督管理总局批准后可以解散：

（一）公司章程规定的营业期限届满或公司章程规定的其他解散事由出现时；

（二）股东会议决定解散；

（三）因公司合并或分立需要解散；

（四）其他法定事由。

第十五条　汽车金融公司有以下情形之一的，经国家金融监督管理总局批准，可向法院申请破产：

（一）不能清偿到期债务，并且资产不足以清偿全部债务或明显缺乏清偿能力，自

愿或应其债权人要求申请破产；

（二）已解散但未清算或者未清算完毕，依法负有清算责任的人发现汽车金融公司财产不足以清偿债务，应当申请破产。

第十六条　汽车金融公司因解散、依法被撤销或被宣告破产而终止的，按照有关法律法规办理。

第十七条　汽车金融公司的设立、变更、终止和董事及高级管理人员任职资格核准的行政许可程序，按照国家金融监督管理总局有关规定执行。

第三章　业务范围与经营规则

第十八条　汽车金融公司可从事下列部分或全部本外币业务：

（一）接受股东及其所在集团母公司和控股子公司的定期存款或通知存款；

（二）接受汽车经销商和售后服务商贷款保证金和承租人汽车租赁保证金；

（三）同业拆借业务；

（四）向金融机构借款；

（五）发行非资本类债券；

（六）汽车及汽车附加品贷款和融资租赁业务；

（七）汽车经销商和汽车售后服务商贷款业务，包括库存采购、展厅建设、零配件和维修设备购买等贷款；

（八）转让或受让汽车及汽车附加品贷款和融资租赁资产；

（九）汽车残值评估、变卖及处理业务；

（十）与汽车金融相关的咨询、代理和服务。

前款所称控股子公司是指股东所在集团母公司持股50%（含）以上的公司。

汽车经销商是指依法取得汽车（含新车及二手车）销售资质的经营者。

汽车售后服务商是指从事汽车售后维护、修理、汽车零配件和附加品销售的经营者。

汽车附加品是指依附于汽车所产生的产品和服务，如导航设备、外观贴膜、充电桩、电池等物理附属设备以及车辆延长质保、车辆保险、车辆软件等与汽车使用相关的服务。

第十九条　符合条件的汽车金融公司，可以向国家金融监督管理总局及其派出机构申请经营下列部分或者全部本外币业务：

（一）发行资本工具；

（二）资产证券化业务；

（三）套期保值类业务；

（四）国家金融监督管理总局批准的其他业务。

汽车金融公司申请开办上述业务的具体条件和程序，按照行政许可有关规定执行。

第二十条　汽车金融公司应当基于真实贸易背景开展贷款和融资租赁业务，严格资金用途管理。

第二十一条　汽车金融公司仅限于向其汽车贷款或融资租赁业务客户（含贷款或融资租赁合同已结清客户）提供汽车附加品融资服务。

第二十二条　汽车金融公司开展融资租赁业务应当合法取得租赁物的所有权；应当按照国家有关规定进行融资租赁登记公示，保障对租赁物的合法权益。

第二十三条　汽车金融公司应当规范开展保证金存款业务，不得从信贷资金中直接扣收保证金。

第二十四条　汽车金融公司发行非资本类债券应当坚持举债同偿债能力相匹配原则，审慎合理安排债券发行计划；发债资金用途应当依法合规并符合国家政策规定。

第二十五条　汽车金融公司转让汽车及汽车附加品贷款和融资租赁资产应当严格遵守法律法规和监管规定，遵守真实、整体和洁净转让原则。

第二十六条　汽车金融公司经营业务中涉及外汇管理事项的，应当遵守国家外汇管理有关规定。

第四章　公司治理与内部控制

略

第五章　风险管理

第四十一条　汽车金融公司应当建立与业务规模和风险状况相匹配的全面风险管理体系，健全适应业务特点的风险治理架构、风险管理政策和程序，有效识别、计量、监测、控制或缓释各类风险。

第四十二条　汽车金融公司应当建立完善合规管理体系，明确专门负责合规管理的部门、岗位以及相应的权限，制定合规管理政策，优化合规管理流程，加强合规文化建设和合规培训。

第四十三条　汽车金融公司应当不断完善信用风险管理制度和流程，提升风险管理精细化水平。应实行信用风险资产五级分类制度，建立审慎的资产减值损失准备制度，及时足额计提资产减值损失准备。未提足准备的，不得进行利润分配。

第四十四条　汽车金融公司应当建立与自身业务规模相适应的流动性风险管理体系，定期开展流动性压力测试，制订并完善流动性风险应急计划，及时消除流动性风险隐患。

第四十五条　汽车金融公司应当根据业务流程、人员岗位、信息系统和外包管理等情况建立科学的操作风险管理体系，制定规范员工行为和道德操守的相关制度，加强员工行为管理和案件防控，确保有效识别、评估、监测和控制操作风险。

第四十六条　汽车金融公司应当构建欺诈风险防控体系，有效识别欺诈行为，保障信贷资金安全。

第四十七条　汽车金融公司应当建立与信息系统运行管理模式相匹配的信息科技风险管理体系，强化网络安全、数据安全、业务连续性、外包等领域的风险防控，保障信息系统安全、稳定运行。

第四十八条　汽车金融公司应当制定完善声誉风险监测机制、应急预案和处置措施，主动加强舆情监测，有效防范声誉风险。

第四十九条　汽车金融公司应当对合作机构实行名单制管理，建立合作机构准入、退出标准以及合作期间定期评估制度，确保合作机构与合作事项符合法律法规和监管要求。

前款所称合作机构，是指与汽车金融公司在营销获客、共同出资发放贷款、支付结算、风险分担、信息科技、逾期清收等方面开展合作的各类机构。

第五十条　汽车金融公司开展汽车经销商和汽车售后服务商贷款业务，应当对借款人进行信用评级，实施分级管理和授信；持续关注其经营状况、股东、实际控制人和高级管理人员的变化情况；对相关交易的真实性和合理性进行尽职审核与专业判断；建立有效的库存监测和盘点、车辆发票、车辆合格证、二手车产权登记证管理制度等贷后风险监测机制。

第五十一条　汽车金融公司开展汽车及汽车附加品贷款和融资租赁业务，应当通过合法方式获得借款人或承租人的征信信息和其他内外部信息，全面评估借款人或承租人的信用状况；独立有效开展客户身份核实、风险评估、授信审批、合同签订等核心风控工作；建立完善个人或机构客户信贷风险模型，动态监测信贷资产质量。

第五十二条　汽车金融公司开展融资租赁业务应当建立健全融资租赁车辆价值评估和定价体系，密切监测租赁物价值对融资租赁债权的风险覆盖水平，制定有效的风险应对措施；应当加强对租赁期限届满返还或因承租人违约而取回的租赁车辆的风险管理，建立完善的租赁车辆处置制度和程序，降低租赁车辆持有期风险。

汽车金融公司售后回租业务的租赁物必须由承租人真实拥有并有权处分，不得接受已设置任何抵押、权属存在争议或已被司法机关查封、扣押的财产或所有权存在瑕疵的租赁物；租赁物的买入价格应当有合理的、不违反会计准则的定价依据作为参考，不得低值高买。

第五十三条　汽车金融公司开展二手车金融业务应当建立二手车市场信息数据库和二手车残值估算体系，严格把控交易真实性和车辆评估价格，防范车辆交易风险和残值风险。

第五十四条　汽车金融公司开展汽车附加品贷款和融资租赁业务应当客观评估汽车附加品价值，制定单类附加品融资限额。

汽车附加品融资金额不得超过附加品合计售价的80%；合计售价超过20万元人民币的，融资金额不得超过合计售价的70%。

汽车金融公司应当加强对汽车附加品交易真实性和合理性的审核与判断，收集附加品相关交易资料或凭证，并加强贷款资金支付和用途管理。

第五十五条　汽车金融公司应当遵守以下监管指标：

（一）资本充足率、杠杆率不低于国家金融监督管理总局的最低监管要求；

（二）对单一借款人的授信余额不得超过资本净额的15%；

（三）对单一集团客户的授信余额不得超过资本净额的50%；

（四）对单一股东及其关联方的授信余额不得超过该股东在汽车金融公司的出资额；

（五）自用固定资产比例不得超过资本净额的40%；

（六）流动性比例不得低于50%。

国家金融监督管理总局可根据监管需要对上述指标做出适当调整。

前款所称关联方是指《企业会计准则》关联方披露所界定的关联方。

第六章　监督管理

略

第七章　附　则

第六十四条　本办法第二十八条所称主要股东，是指持有或控制汽车金融公司5％以上股份或表决权，或持有资本总额或股份总额不足5％，但对汽车金融公司经营管理有重大影响的股东。

前款所称重大影响，包括但不限于向汽车金融公司派驻董事、监事或高级管理人员，通过协议或其他方式影响汽车金融公司的财务和经营管理决策，以及国家金融监督管理总局或其派出机构认定的其他情形。

第六十五条　中国境内设立的汽车金融公司仅限于向境内客户提供金融服务。境内是指中国大陆，不包括港、澳、台地区。

第六十六条　汽车金融公司开展专用汽车、农用运输车、摩托车、推土机、挖掘机、搅拌机、泵机等车辆金融服务的，适用本办法相关规定。

第六十七条　本办法由国家金融监督管理总局负责解释。

第六十八条　本办法自2023年8月11日起施行。原《汽车金融公司管理办法》（中国银监会令2008年第1号）废止。

二、汽车贷款管理办法（2017年修订）

第一章　总　则

第一条　为规范汽车贷款业务管理，防范汽车贷款风险，促进汽车贷款业务健康发展，根据《中华人民共和国中国人民银行法》《中华人民共和国商业银行法》《中华人民共和国银行业监督管理法》等法律规定，制定本办法。

第二条　本办法所称汽车贷款是指贷款人向借款人发放的用于购买汽车（含二手车）的贷款，包括个人汽车贷款、经销商汽车贷款和机构汽车贷款。

第三条　本办法所称贷款人是指在中华人民共和国境内依法设立的、经中国银行业监督管理委员会及其派出机构批准经营人民币贷款业务的商业银行、城乡信用社及获准经营汽车贷款业务的非银行金融机构。

第四条　本办法所称自用车是指借款人通过汽车贷款购买的、不以营利为目的的汽车；商用车是指借款人通过汽车贷款购买的、以营利为目的的汽车；二手车是指从办理完机动车注册登记手续到规定报废年限一年之前进行所有权变更并依法办理过户手续的汽车。

第五条　汽车贷款利率按照中国人民银行公布的贷款利率规定执行，计、结息办法由借款人和贷款人协商确定。

第六条　汽车贷款的贷款期限（含展期）不得超过5年，其中，二手车贷款的贷款期限（含展期）不得超过3年，经销商汽车贷款的贷款期限不得超过1年。

第七条　借贷双方应当遵循平等、自愿、诚实、守信的原则。

第二章　个人汽车贷款

第八条　本办法所称个人汽车贷款，是指贷款人向个人借款人发放的用于购买汽

车的贷款。

第九条　借款人申请个人汽车贷款，应当同时符合以下条件：

（一）是中华人民共和国公民，或在中华人民共和国境内连续居住一年以上（含一年）的港、澳、台居民及外国人；

（二）具有有效身份证明、固定和详细住址且具有完全民事行为能力；

（三）具有稳定的合法收入或足够偿还贷款本息的个人合法资产；

（四）个人信用良好；

（五）能够支付本办法规定的首期付款；

（六）贷款人要求的其他条件。

第十条　贷款人发放个人汽车贷款，应综合考虑以下因素，确定贷款金额、期限、利率和还本付息方式等贷款条件：

（一）贷款人对借款人的资信评级情况；

（二）贷款担保情况；

（三）所购汽车的性能及用途；

（四）汽车行业发展和汽车市场供求情况。

第十一条　贷款人应当建立借款人信贷档案。借款人信贷档案应载明以下内容：

（一）借款人姓名、住址、有效身份证明及有效联系方式；

（二）借款人的收入水平及资信状况证明；

（三）所购汽车的购车协议、汽车型号、发动机号、车架号、价格与购车用途；

（四）贷款的金额、期限、利率、还款方式和担保情况；

（五）贷款催收记录；

（六）防范贷款风险所需的其他资料。

第十二条　贷款人发放个人商用车贷款，除本办法第十一条规定的内容外，应在借款人信贷档案中增加商用车运营资格证年检情况、商用车折旧、保险情况等内容。

第三章　经销商汽车贷款

第十三条　本办法所称经销商汽车贷款，是指贷款人向汽车经销商发放的用于采购车辆和（或）零配件的贷款。

第十四条　借款人申请经销商汽车贷款，应当同时符合以下条件：

（一）具有工商行政主管部门核发的企业法人营业执照及年检证明；

（二）具有汽车生产商出具的代理销售汽车证明；

（三）资产负债率不超过80％；

（四）具有稳定的合法收入或足够偿还贷款本息的合法资产；

（五）经销商、经销商高级管理人员及经销商代为受理贷款申请的客户无重大违约行为或信用不良记录；

（六）贷款人要求的其他条件。

第十五条　贷款人应为每个经销商借款人建立独立的信贷档案，并及时更新。经销商信贷档案应载明以下内容：

（一）经销商的名称、法定代表人及营业地址；

（二）各类营业证照复印件；

（三）经销商购买保险、商业信用及财务状况；

（四）中国人民银行核发的贷款卡（号）；

（五）所购汽车及零部件的型号、价格及用途；

（六）贷款担保状况；

（七）防范贷款风险所需的其他资料。

第十六条　贷款人对经销商采购车辆和（或）零配件贷款的贷款金额应以经销商一段期间的平均存货为依据，具体期间应视经销商存货周转情况而定。

第十七条　贷款人应通过定期清点经销商汽车和（或）零配件存货、分析经销商财务报表等方式，定期对经销商进行信用审查，并视审查结果调整经销商资信级别和清点存货的频率。

第四章　机构汽车贷款

第十八条　本办法所称机构汽车贷款，是指贷款人对除经销商以外的法人、其他经济组织（以下简称机构借款人）发放的用于购买汽车的贷款。

第十九条　借款人申请机构汽车贷款，必须同时符合以下条件：

（一）具有企业或事业单位登记管理机关核发的企业法人营业执照或事业单位法人证书等证明借款人具有法人资格的法定文件；

（二）具有合法、稳定的收入或足够偿还贷款本息的合法资产；

（三）能够支付本办法规定的首期付款；

（四）无重大违约行为或信用不良记录；

（五）贷款人要求的其他条件。

第二十条　贷款人应参照本办法第十五条的规定为每个机构借款人建立独立的信贷档案，加强信贷风险跟踪监测。

第二十一条　贷款人对从事汽车租赁业务的机构发放机构商用车贷款，应监测借款人对残值的估算方式，防范残值估计过高给贷款人带来的风险。

第五章　风险管理

略

第六章　附　则

略

一、明确任务

（1）分组查阅学习我国关于汽车消费信贷的相关法律法规。

（2）分组查阅学习关于汽车消费信贷的目前国家的政策方向和市场发展。

（3）查阅过程中可以结合所工作的城市情况或有代表性的城市情况进行了解，展示学习成果，并进行组内和组间的自评与互评，接受指导教师的评价反馈。

二、制订实施计划

（1）全班学生分成四人一小组，讨论制订完成任务的计划，明确小组成员的分工和各项任务安排，小组成员利用计算机、网络进行国内汽车消费信贷政策的查阅、整理和分析。

（2）进行小组展示：组内设置一名记录员，对任务的过程进行文字要点记录；组长负责撰写本小组的工作总结。

评价反馈

教师设计考核评价表（表7-2），小组之间开展自评与互评；教师对各组任务的完成情况予以评价和鼓励。

表 7-2 考核评价表

序号	考核内容	分值	评分标准	自评	互评	师评
1	小组准备	10	小组分工明确、共同合作，有团队精神			
2	知识运用	30	学习汽车消费信贷的相关法律法规，结合具体城市分析汽车消费市场具体发展状况，有一定的信息检索和分析能力			
3	成果展示与任务报告	20	能够根据所搜索的法律法规进行详细的阐述并提出看法			
4	学习态度与课堂纪律	15	学习积极主动、态度认真、遵守教学秩序			
5	自主学习与动手能力	10	根据教师分布的任务，带着问题去思考，去检索所需知识，分析并制作PPT汇报			
6	基本素养	15	培养知法、懂法、守法、用法的工作理念			
总配分		100	总得分			
综合评价						

◎任务三 了解我国汽车融资租赁的相关法律

任务情境

李明在汽车租赁公司实习期间，经理让他查阅资料了解我国汽车租赁方面的相关法律法规和地方制度安排，方便后期开展工作。假如你是李明，将如何完成此次任务？

知识目标

了解涉及汽车租赁的相关法律法条。

能力目标

能熟悉涉及汽车租赁的相关法规和法律措施。

素养目标

树立汽车租赁行业从业人员的法律法规意识。

一、汽车租赁的主要法律问题

（一）善意取得

根据《中华人民共和国民法典》第三百一十一条的规定，满足以下条件，受让人可以善意取得抵押车的所有权：

（1）受让人在受让抵押车时是善意的，即不知情且不应知情该车辆存在抵押情况。

（2）抵押车是以合理的价格转让的。这意味着赠予或无偿转让的情况不适用于善意取得。

（3）转让的抵押车已经完成了交付。由于车辆属于动产，不需要登记，因此交付是取得所有权的关键步骤。

在满足上述条件的情况下，即使转让人（即卖家）无权处分该抵押车，受让人（即买家）也可以取得该车辆的所有权。然而，原所有权人（如银行或金融机构等抵押权人）有权向无处分权人（即非法转让抵押车的卖家）请求损害赔偿。

综上所述，抵押车是可以善意取得的，但需要满足一定的条件。在购买抵押车时，买家应确保交易符合上述法律规定，以保障自己的权益。

汽车租赁的首要法律问题，是如何堵塞第三方利用"善意取得"逃避法律责任的漏洞，维护汽车租赁企业的合法权益。此外，租赁车辆因涉及刑事案件、经济纠纷和行政处理等问题，被公安机关、法院、行业管理部门扣押，也是汽车租赁企业可能面临的、可能需要通过法律途径解决的问题。

（二）未经登记不得对抗善意第三人

车辆的善意取得财产抵押物登记的规定主要包括以下几方面内容。

首先，根据《中华人民共和国民法典》的相关规定，善意取得是指无权处分人将其占有的他人动产或不动产转让给第三人，若第三人在交易中处于善意，即可取得该动产或不动产的相关权利，原权利人不得追夺。对于抵押权的善意取得，关键在于是否符合善意取得的构成要件，即处分人无权处分且相对人为善意时，抵押权可被善意取得。

183

其次，机动车抵押登记的规定根据《机动车登记规定》（公安部令第 164 号）执行。机动车作为抵押物时，机动车所有人和抵押权人应向登记地车辆管理所申请抵押登记。申请时需提交机动车所有人和抵押权人的身份证明、机动车登记证书、机动车抵押合同等证明凭证。车辆管理所应在受理之日起一日内审查提交的证明凭证，并在机动车登记证书上签注抵押登记的内容和日期。

最后，关于善意取得财产抵押物登记的法律效力，根据《中华人民共和国民法典》第四百零三条规定，"对于动产抵押，抵押权自抵押合同生效时设立；未经登记，不得对抗善意第三人。"这意味着虽然抵押合同自签订之日起生效，但未办理登记的抵押物不得对抗善意的第三人。

善意取得制度在保护交易安全和维护市场秩序方面具有重要意义。它要求交易者在交易过程中应尽到合理的注意义务，查询抵押物的权利状况，以避免因善意取得而导致的权益损失。同时，抵押权人在接受抵押物时应查询相关登记信息，确保抵押物的合法性和有效性。

二、相关法律措施的运用

1. 财产保全

当汽车租赁企业发现失控车辆的具体下落时，可向法院要求财产保全，查封租赁车辆，避免车辆再次失去下落。为了降低车辆被转移的风险，应提出诉前保全。

财产保全限于诉讼请求的范围或与案件有关的财物。所谓诉讼请求范围，是指保全的财产价值与诉讼请求的价值相当；与案件有关的财物主要是指案件的标的物，即可供将来执行法院判决的财物。财产保全的措施有查封、扣押、冻结财产及法律规定的其他方法。

2. 先予执行

先予执行是指人民法院在审理民事案件后，做出终审判决前，根据当事人的申请，裁定另一方当事人给付申请人一定数额的钱财，或者裁定另一方当事人立即实施或停止某一行为的法律制度，是使权利人在判决生效前实现部分权利的一种救济方式，又称为先行给付、假执行。

多数情况下第三方通过交易获得租赁车辆，与承租方存在经济关系，虽然根据相关法规他们之间的交易不受法律保护，但为了避免不必要的纠纷，在出租方对租赁物所有权关系明确的情况下，可要求法院在承租方与第三方的民事诉讼尚未完结前，将处于第三方控制之下的租赁车辆归还汽车租赁企业。

3. 自力取回权

当租赁车辆被第三方非法占有时，部分租赁企业自己或雇用他人采取"偷窃"或"非暴力"措施自行取回租赁车辆。如果租赁车辆顺利回到汽车租赁企业的控制下，一般而言，第三方就失去了重新占有租赁车辆的机会，司法部门对于租赁物物权回归这个既成事实，也是无从介入的。但如果在取回过程中与第三方发生冲突，通常，汽车租赁企业并不处于有利地位，有时执行人员甚至被公安部门当作盗窃或抢夺疑犯拘押。

三、汽车租赁相关法律案例分析

(一)车辆被第三方占据

这类案件涉及出租人、承租人、受让车辆的第三方,存在租赁合同纠纷、非法转让车辆等不同关系,刑事案件与经济纠纷并存,如图7-2所示。在如此复杂的关系中,应争取问题简单化,以便及早解决问题,减少出租人的损失。

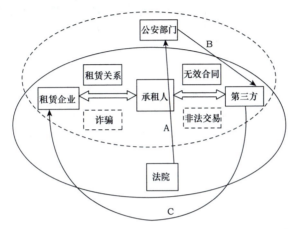

图 7-2 租赁车辆被第三方占有的法律关系及处理程序示意图

图7-2中虚线部分属于公安部门处理范围,涉及诈骗、非法买卖等问题,关系复杂。实线部分属于法院处理范围,为出租人与承租人的经济纠纷,以双方合同为基础,关系清晰。通常解决此类问题的原则是向法院起诉,承租方履行租赁合同,返还租赁车辆。但由于具体情况不同,也可采取起诉第三方和直接要求公安部门返还车辆的办法。

1. 起诉承租人

起诉承租人方案适合承租人可以到案应诉,承租人具有赔偿能力,而且车辆因涉及刑事案件等原因被公安部门扣留的情况。

2. 起诉第三方

起诉第三方方案适用于承租人无法到案应诉或没有赔偿能力,而且第三方和租赁车辆下落明确的情况。

3. 直接向公安部门索要车辆

如租赁车辆确为公安部门扣留,可依据有关法规,直接要求公安部门返还租赁车辆。

(二)租赁车辆被公安部门扣押

当租赁车辆被承租人或第三方用于犯罪活动或处于犯罪分子占有状况时,公安部门在侦查阶段可将租赁车辆作为赃物、作案工具、物证暂时扣押。但公安部门以租赁车辆移交检察院、法院,案件侦查中为由长期不予返还时,会给汽车租赁企业造成经济损失。对于这种情况,汽车租赁企业应首先向公安部门提供租赁车辆产权证证据和汽车租赁合同,证明汽车租赁企业是租赁车辆物权受到侵害的受害者。

1. 租赁车辆不必移交法院判决

租赁车辆与所涉案件关系清楚时,公安部门没有必要将租赁车辆移交检察院或法

院进行起诉或判决。

2.作为证据的租赁车辆不必等到结案时才返还

在证据充足的情况下，公安机关应先行返还车辆而不得以物证为由扣押。此外，在公安机关以证据扣押租赁车辆时，汽车租赁企业有权根据相关法规要求警方提供《调取证据通知书》。

3.从犯罪分子处追缴的被骗租赁车辆应首先返回汽车租赁企业

根据《关于依法查处盗窃、抢劫机动车案件》的规定，对直接从犯罪分子处追缴的被盗窃、抢劫的机动车辆，经检验鉴定、查证属实后，可依法先行返还失主，而不必等待案件审结。

(三)租赁车辆被法院没收

通常没收作案工具是一种由公安部门做出的行政处分而不是由法院做出的财产刑罚判决，但确有法院以没收作案工具为由做出没收租赁车辆判决的情况。

在法院判决书上，出现以"作案工具""赃物"的名义没收涉案财物的判决是错误的。

(四)在租车辆被运输管理部门扣押

运输管理部门因承租人未带道路运输证等原因而扣押租赁车辆，处理流程如下所述。

(1)现场记录与开具扣车单。

(2)通知与罚款。

(3)驾驶证暂扣。

(4)取回车辆：处理完毕后，车主需要携带交警部门开具的《公安交通管理行政处罚决定书》，前往交通委执法总队，按照指示取回暂扣的车辆。

扣押车辆的原因可能包括违反道路交通安全法规(如未悬挂机动车号牌、未放置检验合格标志、未随车携带机动车行驶证等)、使用伪造证件、未按规定投保保险、超载等情况。

如果在租车过程中出现车辆违章现象，租车公司通常会要求客户自行处理违章事项，包括处理罚单和缴纳罚款。客户也可以选择由租车公司代理处理，但需要承担额外的费用。

一、明确任务

(1)分组查阅学习我国关于汽车租赁的相关法律法规。

(2)分组查阅学习关于汽车租赁的各地方制度。

(3)查阅过程中可以根据所工作的城市情况或有代表性的城市情况进行了解，展示学习成果，并进行组内和组间的自评与互评，接受指导教师的评价反馈。

二、制订实施计划

(1)全班学生分成四人一小组，讨论制订完成任务的计划，明确小组成员的分工和各项任务安排，小组成员利用计算机、网络进行国内汽车租赁政策的调研。在教师的引导下分组，以小组为单位学习相关知识，并进行归纳。

（2）进行小组展示：组内设置一名记录员，对任务的过程进行文字要点记录；组长负责撰写本小组的工作总结。

评价反馈

教师设计考核评价表（表7-3），小组之间开展自评与互评；教师对各组任务的完成情况予以评价和鼓励。

表7-3 考核评价表

序号	考核内容	分值	评分标准	自评	互评	师评
1	小组准备	10	小组分工明确、共同合作，有团队精神			
2	知识运用	30	能够根据汽车租赁的发展状况选择合适的城市搜索相关法律法规，有一定的信息检索和分析能力			
3	成果展示与任务报告	20	能够根据所搜索的法律法规进行详细的阐述并提出看法			
4	学习态度与课堂纪律	15	学习积极主动、态度认真、遵守教学秩序			
5	自主学习与动手能力	10	根据教师分布的任务，带着问题去思考，去检索所需知识，分析并制作PPT汇报			
6	基本素养	15	培养汽车租赁行业从业人员的法律法规意识			
总配分		100	总得分			
综合评价						

巩固提升

一、判断题

1. 汽车租赁不属于道路运输，但是作为道路运输相关业务被道路运输管理，所以汽车租赁企业须遵守道路运输管理的有关规定。（　　）

2. 在没有发生交通违章的情况下，承租人不需要支付违章保证金。（　　）

3. 在汽车租赁行业，可通过GPS定位监控系统的应用实现实时定位、远程控制断油电、轨迹回放、里程统计、防破坏报警、超速警告等功能。（　　）

4. 若汽车租赁中随车物品存在损失，该损失应由汽车租赁企业承担，而不是承租人。　　　　　　　　　　　　　　　　　　　　　　　　　（　　）

5. 如果租赁车辆被承租人或第三方用于犯罪活动，租赁车辆作为证据调查时，必须等到结案时才可返还。　　　　　　　　　　　　　　　　　　　（　　）

二、简答题

1. 简述在汽车租赁过程中主要的法律问题。

2. 有哪些相关法律措施可以减少汽车租赁过程中的经济损失？

拓展阅读

参考文献

[1]马钧，倪明辉，何瑛，等．汽车金融服务[M]．北京：北京理工大学出版社，2007．

[2]康桂英．汽车金融与服务[M]．北京：人民交通出版社，2017．

[3]强添纲，张文会．汽车金融[M]．3版．北京：人民交通出版社，2019．

[4]何忱予，周勇．汽车金融服务[M]．北京：北京出版社，2014．

[5]张一兵．汽车租赁业务与管理[M]．2版．北京：机械工业出版社，2020．

[6]吴昭，李波，甘志梅．二手车鉴定与评估[M]．哈尔滨：哈尔滨工程大学出版社，2020．

[7]周建军，尹冠飞．二手车鉴定与评估(理实一体化教程)[M]．上海：上海交通大学出版社，2016．

[8]王淑娟．汽车消费金融机遇与挑战并存[J]．金融世界，2020(09)：34－35．

[9]王晓林．科技提升汽车消费金融服务质效[J]．金融世界，2020(09)：36．

[10]梁环忠，林靖，林虹利．汽车消费金融营销策略探析——以大众汽车金融公司为例[J]．天津商务职业学院学报，2020，8(01)：51－60．

[11]李新祯，郭兴平．我国商业银行汽车消费金融问题研究[J]．银行家，2013(11)：18－21．